Zedou Abdaïa
Séraphin Fouda

Développement financier et déficits publics dans la CEMAC

Zédou Abdala
Séraphin Fouda

Développement financier et déficits publics dans la CEMAC

Éditions universitaires européennes

Impressum / Mentions légales

Bibliografische Information der Deutschen Nationalbibliothek: Die Deutsche Nationalbibliothek verzeichnet diese Publikation in der Deutschen Nationalbibliografie; detaillierte bibliografische Daten sind im Internet über http://dnb.d-nb.de abrufbar.

Information bibliographique publiée par la Deutsche Nationalbibliothek: La Deutsche Nationalbibliothek inscrit cette publication à la Deutsche Nationalbibliografie; des données bibliographiques détaillées sont disponibles sur internet à l'adresse http://dnb.d-nb.de.

Coverbild / Photo de couverture: www.ingimage.com

Verlag / Editeur:
Éditions universitaires européennes
ist ein Imprint der / est une marque déposée de
OmniScriptum GmbH & Co. KG
Heinrich-Böcking-Str. 6-8, 66121 Saarbrücken, Deutschland / Allemagne
Email: info@editions-ue.com

Herstellung: siehe letzte Seite /
Impression: voir la dernière page
ISBN: 978-3-8416-6560-7

TABLE DES MATIERES

2

3

4

Introduction générale

L'observation stricte de la discipline budgétaire dans la conduite de la politique économique est devenue une priorité aussi bien dans les pays riches que dans les pays en développement. La commission européenne avait exercé des pressions fréquentes, il y a quelques années, sur l'Allemagne, la France, l'Italie et le Portugal qui ont franchi le seuil fixé par le pacte de stabilité. L'objectif était de ramener ces « mauvais élèves » à l'ordre dans les plus brefs délais. Dans les Pays Africains de la Zone Franc, le programme d'assainissement est inscrit dans le cadre global de la convergence macroéconomique de chaque zone (Afrique de l'Ouest ou Afrique Centrale). Le comité de convergence se réunit deux fois tous les ans pour apprécier les résultats de la surveillance multilatérale dans l'Union Economique et Monétaire Ouest Africaine (U.E.M.O.A.) et la Communauté Economique et Monétaire des Etats de l'Afrique Centrale (C.E.M.A.C.). Au Cameroun, la discipline budgétaire est même une condition nécessaire pour l'atteinte du point d'achèvement.

Dans les faits, l'interventionnisme à des fins de réglages conjoncturels était la règle en Europe jusqu'à la fin des années 1970. La stratégie de la « locomotive » (programme de croissance de l'Europe tirée par l'Allemagne) fut alors une stratégie de relance coordonnée autour du leader, et visant à faire jouer à la politique budgétaire un rôle de soutien à l'activité économique (Fitoussi et Le Cacheux, 1988). Mais l'échec de la locomotive a laissé transparaître l'inefficacité de la relance conjoncturelle par la dépense. Les nations européennes ont cumulé des déficits budgétaires importants avec en prime un chômage devenu inévitable (Capul et Meurs, 1990). Cette concomitance des déficits et du chômage a conduit l'Organisme de Coopération et de Développement Economique (O.C.D.E.) à formuler dans les années 1980, une « stratégie à moyen terme » dont le premier axe est constitué par la réduction progressive des déficits budgétaires. Les finances des Etats européens devraient désormais revêtir un caractère particulièrement restrictif (Chouraqui et Alii, 1988). Depuis le Traité de Maastricht (1992), et surtout avec le Pacte de Stabilité (Amsterdam, 1997), les pays de l'Union Européenne sont contraints à de très faibles déficits budgétaires (3% du Produit Intérieur Brut –P.I.B.- en moyenne). Ce seuil tolérable devrait être progressivement raffermi par le renforcement de l'intégration. L'Europe devrait finalement parvenir au niveau de déficit 0%. C'est ce qui justifie les blâmes répétés de la commission européenne à l'Allemagne et à la France pour déficits excessifs.

Dans les Etats de l'Afrique subsaharienne, au sortir de la colonisation, la littérature dominante (Samir Amin, 1974) recommandait de se lancer dans des programmes de développement économique. Le thème de développement autocentré avec la planification comme mode de régulation accordait à l'Etat un rôle prépondérant. Des politiques budgétaires optimistes ont été mises en œuvre dès 1960. Elles visaient à augmenter les dépenses publiques et utiliser une panoplie de projets d'investissement financés par les crédits bancaires (Semedo, 1998). Les conséquences de ces politiques optimistes (les emprunts et projets improductifs, les déficits extérieurs et publics structurels) ont amené les institutions internationales et les gouvernements à adopter des politiques de stabilisation macroéconomiques au milieu des années 1980. Les objectifs de ces politiques étaient l'amélioration du solde des administrations publiques et de la balance des opérations courantes ; la réduction de la consommation des ménages, des transferts publics et des subventions ; l'augmentation du taux d'épargne et du taux d'investissement. Les moyens pour les atteindre sont la diminution de la masse monétaire et des dépenses publiques ; l'augmentation des recettes fiscales et du taux d'intérêt ; la dévaluation de la monnaie nationale. Il est question, pour les institutions financières internationales, au regard de la faiblesse financière des pays africains, de continuer à améliorer les soldes budgétaires tout en renforçant les capacités d'épargne et d'investissement grâce à la libéralisation financière (Semedo, 1998).

La théorie de la libéralisation financière prend sa source des travaux fondateurs de McKinnon (1973) et Shaw (1973). Dès le départ, elle se proposait de donner une interprétation rigoureuse des propriétés du développement financier en matière de croissance (Kapur, 1976 ; Vogel et Busel, 1976 ; Galbis, 1977…). Venet (1996) souligne à propos : « *Accroître le niveau des taux d'intérêt réels sur les dépôts (par*

8

une augmentation des taux nominaux ou par une baisse de l'inflation) va stimuler l'accumulation d'encaisses (c'est-à-dire l'épargne) et donc permettre la croissance de l'investissement. Cela devrait aussi permettre d'accroître l'intermédiation bancaire ; d'où une réduction des frais d'intermédiation entre prêteurs et emprunteurs grâce à la réalisation d'économies d'échelle, une meilleure diversification du risque, un accès facilité des emprunteurs aux fonds prêtables... »

Tout part en fait des contrôles sur le système financier imposés par les gouvernements des pays en développement. Ils sont un ensemble de restrictions par les prix et les quantités connus sous le vocable de répression financière. Cette dernière se manifeste en effet par des taux administrés, des coefficients de réserves obligatoires élevés, une faible allocation du crédit, une faible concurrence entre les établissements de crédit voire une nationalisation de ceux-ci (Giovannini et De Melo, 1990). L'intuition des tenants de la théorie de la libéralisation financière est que les interventions de l'Etat limitent la liberté d'action dans le secteur financier et le maintiennent à l'état embryonnaire. Par suite, ils pensent que la libéralisation financière (ou la suppression de toute intervention publique dans la sphère financière) s'accompagne de la constitution de marchés financiers profonds (« financial deepening ») et l'allongement du spectre des actifs financiers (« financial widening ») (Fry, 1995). Le développement financier est le terme consacré par la littérature pour définir un système financier qui présente les deux caractéristiques.

La théorie de la libéralisation financière s'est par la suite enrichie de nombreux travaux mettant en évidence l'impact des variables financières sur la sphère réelle, notamment sur la croissance. Qu'il soit représenté par l'intermédiation (King et Levine, 1992 ; Barthélemy et Varoudakis, 1995 ; Raffinot et Venet, 1998…) ou par les marchés financiers (Atje et Jovanovic, 1993 ; Laroche, Lemoine, Millien, Prats et Zhang, 1995…), le système financier affecte la croissance. King et Levine (1992) ont eu le mérite de construire quatre indicateurs qui permettent aujourd'hui de mesurer le développement financier. Une étude particulière réservée aux pays de la Zone B.E.A.C. évalue le développement financier et le lie avec la croissance et l'inflation sur la période 1960-1995[1]. Cependant, peu de travaux proposent une évaluation des effets sur le budget public du développement financier.

En effet, en marge de l'aspect croissance de la libéralisation financière, une littérature intéressante (Buffie, 1985 ; Corbo & De Melo, 1987 ; Edwards, 1984) axe ses recherches sur le lien entre le système financier et les finances publiques. Pourtant, les déficits publics des pays en développement sont constatés bien avant la libéralisation financière. Ils traduisent l'existence d'une situation financière révélant un excès de dépenses par rapport aux recettes définitives de l'Etat, des collectivités locales et de la sécurité sociale. Ils sont généralement représentés par le solde du budget de l'Etat. Une approche analytique de ce solde négatif des finances publiques permet de distinguer les déficits structurels des déficits conjoncturels, les déficits primaires des déficits effectifs. Plusieurs explications sont données à leur persistance. Dans une analyse keynésienne, le déficit résulte de la volonté des pouvoirs politiques de relancer la croissance et combattre le chômage : c'est un instrument de politique économique. D'autres approches s'intéressent plutôt aux explications de nature rationnelles de ces déficits. Aussi la loi de Wagner (1958), l'effet de déplacement de Peacok et Weismann (1961) et la théorie du lissage fiscal lient-ils les niveaux de déficits publics à l'activité économique. Pendant ce temps, les analyses du cycle politique associent les déficits publics aux stratégies électorales.

Cependant, dans le cadre de la théorie de la libéralisation financière, l'on pense que le développement financier, qui naît de la suppression de la répression financière, serait bénéfique au secteur privé (ménages, banques et entreprises), mais réduirait les privilèges et rentes de l'Etat. Aussi, des auteurs affirment-ils : « *Le gouvernement peut voir dans la répression financière un moyen privilégié d'accès à des ressources bon marché (via la perception d'un seigneuriage). Il peut donc avoir intérêt à empêcher le développement du secteur financier dans la mesure où celui-ci rend la perception de l'impôt d'inflation plus difficile* » (Venet, 1996). C'est la vision de Roubini et Sala-i-martin (1992) de l'interaction entre le secteur financier et les

---

[1] EKANI, S., (1999), « Développement financier dans la zone BEAC : une tentative d'évaluation », *mémoire de D.E.A.*, UY II.

déficits publics partagée par Dornbush et Reynoso (1989) ou Easterly (1989), entre autres. Elle laisse transparaître l'idée que le développement du système financier créé des difficultés pour les finances publiques, mais aussi que l'Etat n'aurait pas intérêt à ce que le système financier soit libéralisé.

Dans la C.E.M.A.C.[2], les premières mesures de libéralisation financière ont été prises en 1990, à la suite de la crise bancaire déclenchée en 1987. Il devient alors judicieux de considérer la réaction des finances publiques des six Etats, afin de voir si les gouvernements ont eu raison de libérer le système financier, ou s'ils devraient freiner le développement financier dans la zone. Plus précisément, les niveaux de développement financier affectent-ils les niveaux de déficits publics ? Pour répondre à cette question, il est utile d'évaluer le lien qui peut exister entre le système financier et les finances publiques. Il est communément accepté que l'imposition, l'endettement et la création monétaire sont les trois sources de revenus pour le financement des dépenses publiques. Dans les pays en développement en général, la fiscalité est peu élaborée et les marchés financiers plus ou moins absents. Les pouvoirs publics accentuent par conséquent les pressions sur le système financier domestique pour percevoir les revenus nécessaires à leur activité (Dornbush, 1987). Deux catégories d'auteurs s'affrontent sur la nature du lien entre le système financier et les finances publiques.

Pour les uns, une plus grande liberté du secteur financier accentue les problèmes de trésorerie publique. Giovannini et De Melo (1991) soulignent en effet que la répression financière est une forme de taxation souvent préférée aux taxes conventionnelles (plus coûteuses dans la mise en œuvre). Elle procure donc des revenus à l'Etat. Ils pensent alors que la suppression de la répression financière entraîne une perte de revenus pour l'Etat. L'intuition de ces auteurs est que la taxe de répression financière est implicite. Son revenu ne se traduit pas par une hausse des revenus de l'Etat, mais plutôt par une baisse des dépenses publiques. Il est alors

---

[2] La CEMAC est une zone d'intégration économique et monétaire composée de six Etats (le Cameroun, la République centrafricaine, le Congo, le Gabon, la Guinée équatoriale et le Tchad). Ceux-ci cheminent ensemble, depuis 1972, dans un processus d'intégration monétaire, sous la tutelle d'une même Autorité (la BEAC).

déduit que l'approfondissement financier amène les dépenses publiques à se détacher, en s'élevant, largement du niveau des recettes. Dans le même ordre d'idée, la suppression de la répression par les taux alourdit la charge financière du secteur public. Pendant la répression financière, les taux d'intérêt sont volontairement maintenus à des niveaux bas pour faciliter le financement du développement par l'Etat. Avec la libéralisation des taux, le coût du financement public devient élevé. Le stock de la dette et son service s'alourdissent, et le déficit budgétaire avec lui.

Pour les autres, le développement du secteur financier encourage la discipline budgétaire. Le statut de la Banque Centrale peut renforcer ou non les incitations à la rigueur budgétaire. En fait, la répression se caractérise également par une banque centrale sous la tutelle du gouvernement (Fry, 1993, 1995). Le développement financier passe donc aussi par une banque centrale indépendante. L'indépendance de la banque centrale empêche le gouvernement de recourir à la « planche à billets » ou à un quelconque accès privilégié au crédit pour financer un déficit des comptes publics (Benassy et Pisani-Ferry, 1994). Elle ne permet pas non plus de dévaloriser la dette publique par l'inflation. Le développement financier astreint donc le gouvernement à davantage de discipline. Par ailleurs, la bonne santé du système financier réduit aussi les tensions de la trésorerie publique. Le système bancaire est capital dans une économie d'endettement et fait l'objet d'une attention particulière des pouvoirs publics. Aussi l'intervention de l'Etat est-elle indispensable lorsque celui-ci est en crise. Les dépenses de l'Etat augmentent, et les déficits publics aussi, avec la dégradation du système bancaire. Bien plus, les faillites et liquidations bancaires réduisent le volume de l'impôt sur les sociétés dans ce secteur. Lorsque ce dernier est performant, les difficultés de l'Etat se réduisent.

Notre étude ne se propose pas de consacrer le développement financier comme déterminant des déficits publics. Il s'agit simplement de s'intéresser au lien qui peut exister entre le système financier et les finances publiques. De manière plus précise, nous voulons déterminer si les niveaux de développement financier sont source de déficits plus ou moins élevés.

La conduite de ce travail impose au préalable de déterminer le niveau de développement du système financier de la C.E.M.A.C. Ce qui suppose l'adoption de la théorie de la libéralisation financière comme ancrage. Ensuite, nous pourrons lier ces niveaux de développement financier aux déficits publics dans la C.E.M.A.C. En première partie, nous analyserons le développement financier comme une conséquence des politiques de libéralisation financière. En deuxième partie, nous présenterons le développement financier comme une variable utile dans l'explication des déficits publics.

Première partie :

LE DEVELOPPEMENT FINANCIER, UNE CONSEQUENCE DES POLITIQUES DE LIBERALISATION FINANCIERE.

L'étude des systèmes financiers des économies en développement s'est orientée dès l'origine vers son rapport avec la sphère réelle, notamment avec la croissance (Schumpeter, 1935 ; Goldsmith, 1969 ; McKinnon, 1973 ; Shaw, 1973). Les différentes approches de la libéralisation financière s'accordent sur l'idée que cette politique favorise le développement de la sphère financière. Pour McKinnon et Shaw en effet, ce n'est qu'a cette condition que la libéralisation financière est à même d'accélérer la croissance et le développement économique. Tout part en fait des contrôles que les gouvernements exercent sur le système bancaire en particulier. La nationalisation du secteur, la fixation des taux d'intérêt en deçà de leur niveau d'équilibre et/ou la constitution des réserves obligatoires sont autant de procédures de contrôle que recouvre le vocable de « répression financière ». Cette répression maintient le système financier à l'état embryonnaire. Procéder à la libéralisation du secteur financier devrait alors accroître l'intermédiation bancaire. Le développement financier ici se traduit par la réduction des frais d'intermédiation entre prêteurs et emprunteurs grâce à la réalisation d'économies d'échelle, une meilleure allocation des ressources disponibles, une meilleure diversification du risque et une meilleure aptitude à la collecte des informations.

Nous voulons dans cette partie déterminer si la politique de libéralisation financière appliquée en CEMAC a amélioré l'état du système financier de la Zone. Le premier chapitre s'atèle à présenter le développement financier comme un facteur central de la théorie de la croissance. Le deuxième chapitre procède à l'évaluation empirique du développement financier dans la CEMAC.

Chapitre 1 :

LE DEVELOPPEMENT FINANCIER, UN FACTEUR CENTRAL DE LA THEORIE DE LA CROISSANCE.

L'étude des liens existant entre le développement des activités financières et la croissance économique a donné naissance à des polémiques. Du point de vue théorique, les institutions financières sont propices à l'innovation technologique dont dépend la croissance et le développement économique (Schumpeter, 1935 ; McKinnon, 1973 ; Shaw, 1973). Pourtant, pour les néo-structuralistes, il n'est pas donné, que la libéralisation financière dope la croissance. La hausse des taux d'intérêt qui résulte de l'abandon de la répression financière est valable uniquement pour le secteur formel (Taylor, 1983). Pour d'autres auteurs encore, la causalité est inverse. Le développement financier n'est que le résultat de la croissance économique (Robinson, 1952). Les théories de la croissance endogène participent au débat et concluent au rôle positif de la finance sur la croissance.

Au-delà de l'aspect théorique, des travaux empiriques mettent en évidence l'influence des systèmes financiers sur la croissance. La question de l'effet de la répression financière est également mise en relief par certaines études. D'autres enfin s'attachent à rechercher la causalité entre la croissance et le développement financier.

Ce chapitre fait le tour de la question du développement financier adossé à la théorie de la croissance économique. La première section évoque les approches théoriques de la liaison entre la libéralisation financière et la croissance, tandis que la deuxième fait le point des contributions empiriques sur le lien entre les sphères financière et réelles.

I- Les systèmes financiers et la croissance : une évocation des approches théoriques.

Les liens théoriques probables entre la croissance économique et le développement du système financier[3] ont donné lieu à de nombreuses approches contradictoires. Celles-ci se distinguent en ce que les unes sont favorables à la libéralisation financière et les autres « contestent » ses vertus sur la croissance.

1- Les arguments en faveur de la libéralisation financière.

Les arguments dans ce paragraphe sont ceux qui condamnent la répression financière et font l'apologie du développement financier comme vecteur de croissance. Ils se concentrent en deux groupes d'idées. La libéralisation financière est utile à la croissance en ce qu'elle facilite la constitution d'une épargne productive. Ceci n'est possible que si la libéralisation financière induit le développement financier.

1.1- La libéralisation financière, pour une épargne plus productive.

Le lien positif entre le système financier et la croissance tient à ce que la libéralisation financière permettrait à la fois une meilleure mobilisation de l'épargne et une meilleure utilisation de celle-ci (Voir Venet, 1996 ; Amable et Chatelain, 1995).

1.1.1- Une meilleure mobilisation de l'épargne.

L'existence d'un système financier non contraint permet une augmentation du volume de l'épargne. Dans une « économie fragmentée » et avec le paradigme du « petit paysan pauvre », l'investissement est totalement autofinancé et nécessite une épargne préalable. Or l'épargne financière est une fonction croissante du taux d'intérêt servi sur les dépôts. Aussi la fixation du taux d'intérêt au-dessous de sa valeur d'équilibre réduit-elle les volumes de l'épargne et de l'investissement. Pour

---

[3] Dans cette analyse, il n'est pas fait de distinction entre le système bancaire et celui fondé sur les marchés.

McKinnon, dans un système d'autofinancement où la monnaie est externe, c'est le prix qui fait le marché. Une augmentation du taux d'intérêt ou une diminution de l'inflation permet la création d'un marché de l'épargne et accroît l'incitation à investir. De même, lorsque la monnaie est interne, la hausse de la rémunération des dépôts encourage l'épargne des agents et améliore la capacité de crédit des banques (Shaw, 1973). Une administration des taux réels réduit les dépôts bancaires et accroît la préférence des intermédiaires pour la liquidité plutôt que pour l'investissement.

Dans les deux analyses, la fixation des taux d'intérêt au-dessous de leur valeur d'équilibre baisse l'épargne et l'investissement, et affecte la qualité des projets financés. Aussi, la libéralisation financière facilite-t-elle la constitution de l'épargne financière en supprimant l'administration à la baisse des taux d'intérêt. C'est cette épargne financière qui est à l'origine de l'accumulation du capital, et donc de la croissance économique (McKinnon, 1973 ; Shaw, 1973).

1.1.2-   Une meilleure utilisation de l'épargne.

Un système financier libéralisé favorise une bonne utilisation de l'épargne mobilisée. La répression du système financier se marque par des prélèvements fiscaux, des restrictions légales sur l'activité financière et des coûts de transactions importants. Elle occasionne une « perte en ligne » des ressources entre l'épargne et l'investissement productif. Au cours de sa transformation en investissement, l'épargne se perd et une partie seulement est réellement investie. Roubini et Sala-I-Martin (1992) supposent que cette perte est due à la répression financière, et représente la « rente de seigneuriage » de l'Etat. Les coûts de fonctionnement du système financier, l'aversion pour le risque des épargnants, les coûts d'agence sont accentués et réduisent l'efficacité de l'intermédiation. La répression financière nuit donc à la croissance. L'inefficacité est réduite par les intermédiaires financiers lorsque ceux-ci gèrent un grand nombre de déposants. L'expansion du système financier contribue alors à une meilleure productivité dans le secteur réel. Les intermédiaires financiers dirigent les fonds vers les technologies illiquides à haut rendement et réduisent le nombre d'investissements gâchés par les liquidations prématurées. Barthélemy et Varoudakis (1994) posent directement qu'un développement de l'intermédiation contribue à une meilleure utilisation de l'épargne et donc augmente la croissance.

Un système financier non réprimé est supposé efficace dans la mobilisation des ressources et l'utilisation de l'épargne pour l'investissement productif. Cette efficacité repose en fait sur la capacité de la libéralisation financière à assurer le développement du système financier.

1.2- *La libéralisation financière, pour l'approfondissement financier.*

Le système financier est favorable à la croissance parce qu'il facilite à la fois la protection contre le risque et le partage de celui-ci, et une bonne gestion de l'information. Cette plus grande efficacité de l'activité financière traduit l'approfondissement du système bancaire.

1.2.1- Une meilleure gestion et un meilleur partage du risque.

En gérant les risques et les asymétries d'information, le système financier permet une meilleure adéquation entre l'épargne et l'investissement et génère une croissance économique élevée. Le risque de liquidité est lié à l'incertitude concernant la conversion d'un actif financier en moyen d'échange. Cette transformation est complexe en présence d'asymétries d'information et de coûts de transactions. Les agents peuvent être incités à préférer les projets peu rentables qui nécessitent des actifs de court terme (Diamond et Dybvig, 1983). Un système financier développé convertit les actifs liquides en investissements longs et illiquides. En réduisant le risque de liquidité, la banque améliore le bien-être des déposants, réduit la fraction de l'épargne improductive, élimine les liquidations d'actifs productifs et élève le taux de croissance de l'économie. De même, les systèmes financiers performants identifient et diversifient le risque technologique (Saint-Paul, 1992). Pour Saint-Paul, la croissance provient d'un accroissement de la division du travail dont la contrepartie est la préférence pour les projets à faibles rendements moins risqués. La diversification du portefeuille facilite alors le choix des projets risqués et rémunérateurs (Pagano, 1993). Le risque est réparti sur un grand nombre d'agents en même temps que le rendement sûr et une assurance contre le risque individuel sont garantis (Greenwood et Jovanovic, 1990).

1.2.2- La réduction du coût d'acquisition de l'information.

L'approfondissement financier peut favoriser la croissance par la réduction du coût d'acquisition de l'information ex ante et ex post (Diamond, 1984). La collecte d'informations sur les projets d'investissement est une des tâches non négligeables du système financier. Ex ante (avant le financement), les institutions financières sont à mesure de mettre à la disposition des investisseurs des informations sur la valeur d'un projet ou d'une entreprise et de sa direction. Ex post, le dirigeant de l'entreprise peut avoir intérêt à dissimuler ses résultats. Via le monitoring (Williamson, 1986), le système financier astreint les dirigeants à une meilleure utilisation du capital financier disponible.

Les arguments ci-dessus militent en faveur de la libéralisation financière. Celle-ci, en supprimant la répression financière, permet une augmentation du volume de l'épargne et une meilleure utilisation de celle-ci. Le développement financier qui en résulte facilite la gestion et la répartition du risque. Il réduit aussi les coûts d'intermédiation dans l'industrie financière, notamment les coûts d'acquisition de l'information. C'est le paradigme de la répression financière (Dornbush et Reynoso, 1989), qui donne les preuves d'une relation positive entre le système financier et la sphère réelle. Pourtant celle-ci ne fait pas l'unanimité. Une littérature intéressante conteste les vertus de la libéralisation financière sur la croissance.

2- La contestation des vertus de la libéralisation financière sur la croissance.

La condamnation de la répression financière ou les mérites du développement financier ne trouvent pas l'accord de tous les économistes. Les uns remettent en cause le paradigme de la répression financière. Les autres affirment simplement que la libéralisation financière n'est pas souhaitable.

2.1- La remise en cause du paradigme de la répression financière.

Nous classons dans ce courant les auteurs qui pensent que le système financier a des effets incertains sur la croissance et ceux qui inversent plutôt le sens de causalité.

2.1.1- Les effets ambigus du système financier sur la croissance.

Le lien positif entre la libéralisation financière et la croissance suppose à la fois une relation croissante entre le taux d'intérêt et l'épargne, et l'existence de marchés financiers parfaits. La première hypothèse ne prendrait en compte que l'effet de substitution (l'épargne s'accroît lorsque sa rémunération augmente). Pourtant, l'effet de revenu implique aussi une relation décroissante entre le taux d'intérêt réel et l'épargne. Il s'ensuit une incertitude quant à l'effet net de la suppression de l'administration des taux (Dornbush et Reynoso, 1989). La deuxième hypothèse implique une inefficacité de la libéralisation financière en présence d'asymétries d'informations. Face aux imperfections de l'information (ex ante et ex post), les banquiers sont amenés à élever le coût du crédit (Stiglitz et Weiss, 1981). L'anti-sélection et le rationnement du crédit qui en résultent réduisent les investissements et donc la croissance. C'est plutôt l'action gouvernementale, dans ce cas, qui consiste à garantir les prêts, qui pourrait augmenter la croissance (Bencivenga et Smith, 1993). Les autres auteurs enfin soulignent que l'instabilité financière, le risque systémique et les bulles spéculatives provoqués par la libéralisation financière ont des effets néfastes sur la croissance. Michel (1992) montre que les bulles spéculatives évincent le capital physique puis augmentent le taux d'intérêt et la productivité marginale du capital au détriment de l'investissement en capital humain. C'est pourtant le capital humain qui est source de croissance endogène.

2.1.2-   La causalité inverse croissance -finance.

A la suite de Patrick (1966), Barthélemy et Varoudakis (1994) entrevoient un lien de causalité inverse entre le développement financier et la croissance. L'idée partagée ici est que l'incitation individuelle à participer aux marchés financiers augmente quand l'économie se développe. La croissance provoque un accroissement du volume de l'épargne. Les gains augmentent avec le montant des fonds prêtables, tandis que les coûts de traitement sont quasi fixes. Ces rendements d'échelle permettent à la croissance d'exercer une externalité positive sur l'expansion des activités financières. Patrick distingue deux étapes dans le développement économique d'un pays. Le « supply leading » est la phase où le développement financier induit la croissance économique. La phase de « demand following » reprend le droit une fois la première achevée, et c'est le système financier qui répond à la demande des services financiers qui lui est adressée.

Pour ces contestataires relatifs de la libéralisation financière, cette politique a des effets ambigus sur la croissance. Pour les contestataires absolus, la libéralisation financière n'est pas souhaitable.

2.2- La libéralisation financière, une politique non souhaitable.

Cette idée est soutenue par les néo-structuralistes qui prennent en compte l'existence des marchés financiers informels[4], et les auteurs qui considèrent les

---

[4] Les modèles néo-structuralistes reposent sur 5 hypothèses :
- les salaires sont déterminés de manière exogène (ou institutionnelle) au travers des conflits entre les classes sociales ;
- l'inflation est déterminée les poids relatifs des capitalistes et des travailleurs (qui sont eux-mêmes influencés par l'état de l'économie) ;
- l'épargne se détermine comme une fraction des profits et non des salaires ;
- le niveau général des prix est déterminé par des marges fixes sur les coûts du travail, les importations et le financement du capital productif (taux d'intérêt) ;

problèmes posés par la libéralisation financière dans une optique des finances publiques.

2.2.1- La hausse du taux d'intérêt et les nuisances à l'économie.

C'est l'idée que propagent Van Winjbergen (1983) et Taylor (1983) en prenant en compte les marchés financiers informels. Pour ces néo-structuralistes, la libéralisation financière qui vise à accroître la rémunération réelle sur les dépôts bancaires ne peut avoir qu'un effet négatif sur la croissance.

Inspirés de l'analyse du portefeuille de Tobin, les néostructuralistes répartissent la richesse réelle des agents entre la monnaie, les dépôts bancaires à terme et les prêts directs au secteur productif sur les marchés informels. Ces trois actifs substtituables dépendent des mêmes variables : le taux d'inflation, le taux d'intérêt nominal du secteur informel et le revenu. Une augmentation du taux d'intérêt réel servi sur les dépôts à terme n'affecte en rien le marché des bien et services. Mais la demande d'encaisses monétaires augmente. Par ailleurs, un effet de substitution fait que les agents préfèrent les dépôts à terme au détriment des encaisses monétaires. L'effet net est ambigu, mais cet accroissement de la rémunération des dépôts à terme a deux conséquences. Elle augmente le coût du capital productif, conduit à une élévation du niveau général des prix et à une baisse de l'investissement, donc de la croissance. Elle réduit la demande d'encaisses monétaires, diminue l'offre des fonds sur les marchés financiers informels. Ce qui signifie une élévation du taux d'intérêt normal sur ce marché et une baisse de la croissance.

2.2.2- La libéralisation financière et les difficultés des finances publiques.

La hausse des taux d'intérêt induite par la libéralisation financière crée des problèmes aux gouvernements. Le déficit budgétaire baisse avec les recettes

---

- les pays en voie de développement dépendent de façon critique de leurs importations de matières premières, de biens d'équipement et de biens intermédiaires (Fry, 1995, p. 110).

publiques, mais se creuse avec les dépenses et le stock de la dette (voir infra chapitre 3). L'augmentation des taux d'intérêt avec la libéralisation financière alourdit le poids du service de la dette. L'augmentation des dépenses de paiement d'intérêt conduit le déficit budgétaire à se creuser davantage. La libéralisation financière peut réduire les revenus prélevés sur le système bancaire ou la part des bons du trésor à l'actif des banques. Le solde des finances publiques en sera déficitaire. Bencivenga et Smith (1990) concluent alors que les économies à déficits publics importants ne devraient pas procéder à la libéralisation financière.

La remise en cause de la libéralisation financière tient à ce que le système financier aurait des effets ambigus sur la croissance, voire que c'est la croissance qui entraînerait le développement financier. Par ailleurs, la considération du secteur informel et des finances publiques amènerait à rejeter complètement le développement du système financier. La première section a fait le tour des approches théoriques de la libéralisation financière. Certains arguments plaident pour le développement financier qui a des vertus sur la croissance. D'autres remettent en cause la nature de ce lien. Au-delà de ces considérations théoriques, nous voulons présenter quelques résultats empiriques sur l'évaluation du lien entre les marchés financiers et la croissance.

II- Les marchés financiers et la croissance : une présentation des travaux empiriques.

Cette section consiste en un rapide survol de certains résultats sur les liens existant entre le développement financier et la croissance économique. Dans ces travaux, des avancées significatives sont opérées telle la certitude sur les effets positifs du développement financier sur la croissance. Mais des questions de la causalité inverse et des effets de la répression financière sur la croissance ne sont pas encore totalement conclues, de même que les effets budgétaires de la libéralisation financière.

1- Des avancées significatives.

Les avancées des travaux empiriques font ressortir une certitude, c'est l'effet positif du développement financier sur la croissance. Elles ont aussi abouti à la construction des indicateurs mesurant le niveau de développement de la sphère financière.

1.1- La certitude : le développement financier favorable à la croissance.

Les études visant à tester les effets du développement financier sur la croissance partent des modèles de croissance endogène. Elles introduisent des variables financières dans des équations de croissance endogène sur la période entre 1960 et 1990. Nous distinguons entre les travaux portant sur l'intermédiation de ceux qui s'intéressent aux marchés financiers.

1.1.1- L'effet significatif de l'approfondissement financier sur la croissance.

La plupart des études portant sur l'intermédiation se fondent sur les équations de rattrapage.

King et Levine (1992) utilisent 4 indicateurs financiers selon l'information recherchée et la disponibilité des données pour représenter le système financier (voir infra chapitre 2). Ils choisissent aussi 4 indicateurs de croissance différents comme variables à expliquer. Ce sont le taux de croissance du PIB par tête, le taux de croissance du stock de capital, le ratio d'investissement sur le PIB et une approximation de la productivité totale des facteurs. Les auteurs utilisent alors des équations de rattrapage en coupe en combinant coupe et moyenne des variables sur les décennies 1960, 1970 et 1980. Les 4 indicateurs financiers ont un effet significatif sur la croissance. Les résultats sont toujours robustes par sous-groupe de pays, et en tenant compte des variables supplémentaires.

Barthélemy et Varoudakis (1995) testent quant à eux l'idée qu'il existe des effets seuils. Ceci traduit le fait qu'en dessous d'un certain niveau d'approfondissement financier, la croissance est plus lente et le rattrapage plus difficile. Pour eux justement, en deçà d'un niveau de M2/PIB, les pays restent bloqués dans un club de convergence particulier.

Raffinot et Venet (1998) cherchent à établir un lien entre l'approfondissement financier et la croissance dans les pays de l'UEMOA par l'économétrie de panel. Le groupement des pays ne lui permet pas d'avoir des résultats significatifs. Cependant dans chaque pays, les indicateurs financiers sont corrélés avec le taux de croissance du PIB.

Mais le système financier ne se réduit pas seulement au système intermédié, et le développement financier tient aussi compte de l'expansion de l'activité sur les marchés financiers.

1.1.2-   L'influence positive des marchés financiers sur la croissance.

Les travaux portant sur le développement des marchés financiers utilisent des équations de croissance en y introduisant des variables qualitatives et quantitatives du marché financier (voir infra chapitre 2).

Atje et Jovanovic (1993) trouvent pour un échantillon de 75 pays une influence positive des marchés financiers dans les années 1980. Cependant, Laroche, Lemoine, Millien, Prats et Zhang (1994) réduisant temporellement et géographiquement leur échantillon, multiplient les indicateurs financiers. En utilisant les équations de rattrapage à la Barro, ils trouvent un effet négatif des variables financières sur la croissance dans la période 1975-1990 coïncidant avec le mouvement de libéralisation financière dans les pays de l'OCDE. L'effet des variables financières devient positif (sans être très robuste) avec l'introduction de l'instabilité financière (variance des taux).

Il apparaît que le développement financier a des effets positifs sur la croissance. Qu'il soit représenté par l'intermédiation ou les marchés financiers, l'influence du système financier sur la sphère réelle est une certitude. Il faut noter quand même l'avantage qu'a le système intermédié par rapport à la finance directe.

1.2- La présentation des indicateurs financiers.

Les recherches empiriques ont conduit à l'élaboration des indicateurs pouvant mesurer le développement financier. Ces variables peuvent être classées selon qu'elles représentent la finance intermédiée ou non. Nous distinguons alors les indicateurs du secteur bancaire d'une part et les autres types d'indicateurs d'autre part.

1.2.1- Les indicateurs du secteur bancaire.

Les indicateurs financiers sont construits en fonction des informations qu'ils sont supposés véhiculer. Ceux proposés par King et Levine (1992) donnent à eux seuls les informations sur la taille de l'intermédiation et les services fournis par les intermédiaires financiers. King et Levine construisent 4 indicateurs financiers qu'ils nomment LLY, BANK, PRIVATE et PRIVY.
L'indicateur de liquidité de l'économie (LLY) correspond à l'indicateur d'approfondissement financier traditionnel (ou surface financière). Il a été utilisé pour la première fois par Goldsmith en 1969, ensuite par McKinnon en 1973. Il mesure la taille du secteur des intermédiaires financiers. L'hypothèse implicite qui accompagne sa construction est que la taille des intermédiaires financiers est fortement corrélée à la qualité et au niveau des services financiers offerts.
L'indicateur BANK mesure le degré d'allocation du crédit des banques commerciales par rapport à la banque centrale. Il est supposé prendre en compte la gestion des risques, le traitement de l'information et le contrôle. Il suppose que les banques commerciales sont mieux armées dans la gestion des risques et les services d'information que la banque centrale.

Le taux de crédit alloué au secteur privé (PRIVATE) mesure l'importance du financement accordé aux agents privés par le secteur bancaire. L'idée qui suit la construction de cet indicateur est que le secteur privé est plus productif que le secteur public.

L'indicateur PRIVY mesure la contribution des entreprises privées à la production nationale. Il est construit sous l'hypothèse que les institutions financières évaluent au préalable les projets avant de prêter aux agents privés (par opposition au secteur public).

En dehors des indicateurs de King et Levine, Pears (1992) construit deux autres indicateurs qui prennent en compte les progrès de l'intermédiation financière. Ils mesurent la croissance des actifs monétaires dans l'économie et la contribution de ceux-ci à la production intérieure (quasi monnaie/M2), quasi monnaie/PIB).

1.2.2- Les autres types d'indicateurs

Ils sont différents des indicateurs présentés précédemment. Ce sont les variables du développement quantitatif et qualitatif des marchés financiers.

Les variables du développement quantitatif des marchés mesurent l'importance des capitalisations et émissions d'actions et obligations dans l'économie. Atje et Jovanovic (1993) distinguent 8 variables du développement quantitatif des marchés :

- le crédit total, pris en flux et en stock, et rapporté au PIB ;
- la capitalisation en actions, prise en flux et en stock, et rapportée au PIB ;
- les capitalisations d'obligations, prises en flux et en stock, et rapportées au PIB ;
- les émissions d'actions rapportées au PIB ;
- les émissions d'obligations rapportées au PIB.

Levine et Sara Zervos (1996) construisent deux indicateurs du développement qualitatif des marchés. Ce sont les variables de liquidité du marché des actions. Elles mesurent l'importance des transactions en action par rapport à la taille du marché

(« value traded ratio ») et l'importance des transactions en actions relativement à la taille de l'économie (« turn over ratio»).

Laroche, Lemoine, Millien, Prats et Zhang (1995) tiennent aussi compte des variables de répression financière. Elles sont considérées pour prendre en compte les distorsions dans la sphère financière (allocation sélective du crédit, administration des taux…). Il s'agit des taux des réserves obligatoires et du taux d'intérêt réel.

Il existe une gamme variée d'indicateurs pour traduire le niveau d'expansion de l'activité financière. Les unes ont trait au système bancaire, les autres recouvrent les marchés financiers. D'autres même sont mixtes, en ce sens qu'ils sont relatifs à la fois au système intermédié et à la finance directe (Mooslechner, 1994). Le choix des uns et des autres est conditionné par leur contenu informationnel et les problèmes de statistiques.

2- Les questions en suspens sur le lien entre le système financier et la croissance.

Les travaux empiriques n'ont pas donné des réponses définitives à certaines questions sur le lien entre la sphère financière et la croissance. De même, la question sur le rapport entre le système financier et les finances publiques n'est pas totalement investie.

2.1- Les questions relatives au lien entre le système financier et la croissance.

Dans les études empiriques, l'effet de la répression financière sur la croissance reste sujet à controverse. De même, le sens de la causalité du lien entre le système financier et la croissance n'est pas définitivement déterminé.

2.1.1- La répression financière, nuisible à la croissance ?

En reprenant les équations de rattrapage de Barro, conservant les mêmes variables de croissance et ajoutant des variables financières, Roubini et Sala-i-Martin (1992)

29

testent les effets de la répression financière sur la croissance. Ils trouvent des coefficients négatifs et significatifs des variables de répression financière (réserves obligatoires et taux réel moyen négatif). Ils concluent alors que les pays qui connaissent la répression financière vivent une croissance moins rapide que les autres. Levine et Renelt (1992) ont critiqué la méthode utilisée par Roubini et Sal-i-Martin. Ils pensent que ce type de régression en coupe internationale est fragile.

Demetriades et Devereux (1992) prennent en compte l'existence du secteur informel dans les pays en développement. Leur définition de la répression financière est alors plus générale. Ils définissent en effet deux taux d'intérêt : le taux national administré et le taux du marché international des capitaux (qui sert comme indicateur du taux sur le marché informel). Il y a répression lorsque le taux réel administré est inférieur au taux réel du marché mondial, non plus seulement qu'il soit négatif. Ces auteurs estiment un modèle structurel de l'investissement sur un panel non cylindré comportant 63 pays sur la période 1962-1990. Leur conclusion va dans le sens des thèses néo-structuralistes. Le taux mondial agit sur l'investissement, mais pas le taux d'intérêt administré. La libéralisation financière pourrait réduire l'investissement et la croissance.

Jappelli et Pagano (1994) régressent en coupe et en séries temporelles le taux de croissance et le taux d'épargne avec les indicateurs de contraintes de liquidité. Pour eux, la répression financière (rationnement du crédit immobilier des ménages et du crédit à la consommation) participe à accroître le taux d'épargne et la croissance. Avec les équations de rattrapage, ils montrent que les contraintes de liquidité favorisent la croissance. C'est la traduction d'un coefficient négatif sur la variable de ratio maximal d'emprunt.

2.1.2-   La finance et la croissance : quelle causalité ?

Les travaux empiriques ont utilisé généralement l'analyse statistique de la causalité pour déterminer le sens de la causalité entre le développement financier et la croissance. La causalité à la « Granger » (le test le plus utilisé) met en évidence plusieurs cas de figure : une causalité d'une variable vers une autre sans la réciproque (causalité unidirectionnelle), une causalité dans les deux sens (causalité bidirectionnelle) ou pas de causalité du tout.

Jung (1986) effectue des tests de causalité entre système financier et sphère réelle sur 56 pays industrialisés ou en développement. Il teste en réalité l'hypothèse selon laquelle le développement financier induit la croissance dans les premières phases de développement économique ; et la causalité s'inverse ultérieurement. Cette hypothèse est confirmée partiellement par son échantillon.

Laroche et al. (op. cit.) fait ressortir les liens étroits de causalité à court terme entre le développement financier et la croissance économique. Suivant les pays, ces liens sont unidirectionnels ou alors bidirectionnels. La causalité dans le sens finance-croissance est vérifiée pour 17 des 18 pays de l'échantillon. La causalité inverse est trouvée pour tous les pays sauf l'Allemagne et Singapour.

Raffinot et Venet (1998) trouve une causalité à la Granger entre l'approfondissement financier et la croissance économique dans 6 sur les 7 pays choisis de l'UEMOA. Leur travail laisse apparaître la causalité croissance- finance pour le Burkina Faso le Sénégal et le Togo. Pour le Bénin, la Côte d'Ivoire et le Mali, la causalité va du financier vers le réel.

2.2- Le système financier et les finances publiques : quelle relation ?

Les travaux empiriques sur le lien entre le système financier et les finances publiques déduisent les effets du développement financier sur les déficits publics en calculant les revenus issus de la répression financière sous toutes ses formes (les développements sur cette question sont présentés en détail dans le chapitre 3). Aucune étude ne lie directement les niveaux de développement financier à un indicateur des finances publiques.

Les recherches empiriques sur la relation entre le développement de la sphère financière et la croissance de la sphère réelle laissent entrevoir des certitudes, mais aussi des questions non entièrement résolues. Qu'il soit représenté par

31

l'intermédiation ou par la finance directe, le niveau de développement du système financier a un impact positif sur la croissance. Mais des réponses définitives ne sont pas encore trouvées aux questions relatives au sens de la causalité et aux effets sur la croissance de la répression financière. Par ailleurs, les travaux empiriques ont négligés de considérer les effets du développement financier sur les finances publiques. C'est d'ailleurs ce à quoi la présente étude se consacre.

Conclusion du Chapitre

Des considérations théoriques aux travaux empiriques, le lien entre le système financier et la croissance économique a donné lieu à une littérature prolifique. Toutes s'accordent à dire que le développement de la sphère financière influence positivement la création des richesses. Cet effet positif transite par un double canal. C'est en favorisant l'accumulation du capital et l'innovation technologique que le système financier est propice à la croissance. Ceci n'est possible que si des mesures sont prises pour assurer la liberté d'action dans la sphère financière. En effet, c'est en assurant le développement financier que la libéralisation financière accroît le bien-être des agents, et aussi réduit le seigneuriage de l'Etat.

Chapitre 2 :

LE DEVELOPPEMENT FINANCIER DANS LA ZONE CEMAC : L'EVALUATION EMPIRIQUE.

La prise en compte des conséquences du secteur financier sur l'économie réelle a abouti à la construction des variables mesurant le niveau de développement du système financier. Le *« syndrome interventionniste »* de McKinnon traduit clairement cette relation et renvoie à la notion de répression financière. C'est à la fois le maintien des taux d'intérêt bas, les interventions de l'Etat visant à limiter la liberté d'action dans le système financier. McKinnon soutient que c'est cet interventionnisme qui maintient le système financier dans le sous-développement. Ainsi libérer celui-ci de l'interventionnisme étatique éliminerait les freins à son expansion. Il en résulterait la réduction des coûts de transaction et d'information grâce à une meilleure gestion et répartition du risque, et la réalisation des économies d'échelle (voir supra chapitre 1).

Le système financier des pays de la CEMAC est constitué essentiellement du système bancaire (Mathis, 1992). Il a fait l'objet des réformes dans le cadre des mesures de libéralisation financière en 1990. Il s'avère utile, dans le cadre de notre étude, de fournir une évaluation du développement financier dans la ZONE, et de donner une appréciation de ces réformes. Nous allons donc présenter l'état de l'approfondissement financier dans la CEMAC (section 1), apporter une appréciation des réformes du secteur financier de la CEMAC (section 2)

I- L'état de l'approfondissement financier dans la CEMAC.

Le développement financier est un concept qui traduit à la fois l'essor des marchés financiers et l'expansion de l'intermédiation. Il recouvre à la fois la taille des systèmes financiers et la diversité des instruments financiers à la disposition des agents économiques. Ainsi, un système financier étroit (respectivement vaste) et offrant des services traditionnels (fournissant une gamme variée de services financiers) sera dit sous-développé (développé). Les indicateurs financiers sont calculés pour saisir de manière empirique le niveau d'expansion du système financier. Nous allons mesurer l'approfondissement financier dans le premier paragraphe. Le deuxième va analyser l'état de l'approfondissement financier dans la zone.

1- L'évaluation de l'approfondissement financier dans la CEMAC.

Cette étude consiste à évaluer le niveau de développement du système bancaire de la CEMAC dans un premier temps. Dans un second, il est question de fournir une analyse de son fonctionnement. Les variables construites par King et Levine sont indiquées pour notre étude. Elles sont relatives au système bancaire et sont pratiquement simples à construire. Le système financier de la CEMAC est essentiellement à finance indirecte. Les auteurs présentent clairement la méthode de calcul des indicateurs à partir des Statistiques Financières Internationales (SFI) du Fonds Monétaire International (FMI).

1.1- La construction des indicateurs financiers

La construction des indicateurs choisis est relativement aisée. Les données y relatives sont disponibles dans les SFI du FMI.

La surface financière (LLY) est obtenue en rapportant la masse monétaire (M2) au produit intérieur brut (PIB). M2 est obtenue en additionnant les lignes 34 et 35 des SFI. Le PIB est donné par la ligne 99b. L'importance des banques commerciales par rapport à la banque centrale dans l'allocation du crédit (BANK) est construite en divisant les dépôts en banque par les créances totales. Les dépôts en banque sont représentés par la somme des lignes 22a à 22f. Les créances totales sont la somme des dépôts dans les banques commerciales et des dépôts en banque centrale. Ces derniers sont donnés par l'addition des lignes 12a à 12f.

Le taux de crédit alloué au secteur privé (PRIVATE) est le ratio du crédit aux entreprises privées et du crédit domestique. Ils sont respectivement représentés, dans les SFI, par la ligne 32d et la somme des lignes 32a à 32f, la ligne 32e étant exclue.

La contribution du secteur privé à la production nationale (PRIVY) est le rapport entre le crédit aux entreprises privées et le produit intérieur brut.

Les variables financières telles que définies par King et Levine ne suscitent pas l'admiration à cause de la prise en compte partielle des informations financières qu'elles sont sensées représenter.

L'indicateur LLY mesure la taille du système financier. Il lui est reproché le fait que la taille de l'intermédiation ne prenne pas en compte la gestion des risques et le traitement de l'information. C'est pour pallier à cette insuffisance que King et Levine construisent l'indicateur BANK. Celui-ci est lui-même confronté à deux problèmes. Les banques ne sont pas les seuls intermédiaires financiers capables d'assurer les services de gestion et d'acquisition de l'information. De plus, dans les pays en développement, les gouvernements influencent énormément les banques, de sorte que la différence entre la banque centrale et les banques s'estompe. Les deux derniers indicateurs, PRIVATE et PRIVY, témoignent de l'efficacité du secteur bancaire vis-à-vis du secteur privé. King et Levine pensent que ces variables peuvent aussi refléter la taille du secteur public. Elles peuvent par conséquent ne pas être appropriées comme indicateur du niveau des services financiers.

Néanmoins, l'indicateur traditionnel d'approfondissement financier, encore appelé surface financière, a été utilisé dans la majorité des études (Goldsmith, 1969 ; McKinnon, 1973 ; Barthélemy et Varoudakis, 1994, 1995). Il fait l'unanimité quant à son aptitude à caractériser le développement financier. Les indicateurs PRIVATE et

PRIVY sont particulièrement intéressants du fait qu'ils donnent la taille du secteur privé par rapport au secteur public. Les ressources financières de l'économie peuvent être considérées comme se répartissant entre le secteur privé et le public. Ils seront donc utilisés dans notre étude qui vise à lier le système financier et les finances publiques. BANK sera aussi utile car dans les pays en développement, les banques centrales sont au service des gouvernements pour le prélèvement des rentes de seigneuriage (voir infra chapitre 3). De plus, l'utilisation de ces quatre indicateurs financiers ensemble permet de maximiser l'information sur l'approfondissement financier.

La période d'étude est choisie pour tenir compte de la crise bancaire et de la libéralisation financière[5]. Elle va donc de 1987 à 2002, l'année la plus récente dont nous disposons de statistiques financières. Tous les six pays de la CEMAC fournissent des statistiques sur cette période. Les données sont tirées des SFI : l'annuaire 1996 et le numéro de mai 2003, complétés par le numéro d'octobre 2000.

Nous nous proposons (les pays ci-après sont choisis de manière aléatoire) de mesurer l'approfondissement financier dans deux pays représentatifs de l'UEMOA (la Côte d'Ivoire et le Sénégal) et deux pays hors Zone Franc et hors Afrique subsaharienne (le Maroc et la Tunisie). Les indicateurs financiers de ces autres groupes nous permettront de comparer leur niveau de développement à ceux de la CEMAC. En UEMOA, les indicateurs financiers sont calculés sur la période 1987-2001 ; la période se réduit au Maroc par manque de données (1990-2001). Les calculs sont effectués à l'aide du logiciel Excel en raison de sa simplicité.

1.2- L'évolution de l'approfondissement financier dans la CEMAC.

Nous discriminons entre les indicateurs aux valeurs faibles qui représentent à notre avis le véritable niveau de développement financier (LLY et PRIVY) des

---

[5] Les pays de la zone CEMAC, comme ceux de la zone Franc ouest africaine, ont été frappé par une crise bancaire dès 1987. C'est justement pour faire face à cette crise que les mesures de libéralisation financière ont été prises dès 1990.

indicateurs aux valeurs élevées qui ne donnent pas une idée réelle de l'approfondissement financier dans la zone.

- Evolution de l'indicateur traditionnel.

L'indicateur LLY est relativement élevé (en moyenne) au Gabon, en RCA et au Cameroun (respectivement 0.175 ; 0.174 ; 0.174).

Au Gabon, il varie entre 0.231 en 1987 et 0.179 en 2002. LLY décroît considérablement jusqu'en 1995 où il vaut 0.144. A partir de cette année, il y a une légère amélioration de la surface financière. En RCA, LLY va de 0.169 en 1987 à 0.148 en 2002. Il a une évolution relativement constante, avec de faibles valeurs, entre 1987 et 1992. Les valeurs les plus élevées sont enregistrées pour la période 1993-1997 (entre 0.172 et 0.244). Au-delà les valeurs redeviennent faibles. Les valeurs de l'approfondissement financier sont relativement élevées au Cameroun de 1987 à 1994 (entre 0.172 et 0.232). Elles enregistrent un baisse considérable dès 1995 (0.121 en 1996), avant de s'améliorer progressivement, sans toutefois revenir au niveau d'avant 1995.

Les autres pays ont une surface financière faible, comme en témoignent les valeurs moyennes (Congo : 0.171 ; Tchad : 0.168 ; Guinée équatoriale : 0.102).
Le Congo enregistre les valeurs les plus élevées de LLY entre 1987 et 1993. Au-delà de cette période, l'évolution est relativement constante et faible. La valeur la plus élevée est 0.216 en 1990 ; et la plus faible est 0.118 en 2001. La situation tchadienne est la plus catastrophique. Si en 1987 LLY vaut 0.306, sa valeur décroît considérablement pour atteindre 0.105 en 1998. Après cette année, il y a une légère amélioration avec une valeur de 0.156 en 2002. La Guinée Equatoriale connaît une situation plus ou moins identique à celle du Tchad. Sa période de gloire est 1987-1989. En dehors de celle-ci, LLY a des valeurs en deçà de 0.100, excepté en 1994 (0.133) et 1996 (0.116).

- Evolution de PRIVY.

Les valeurs moyennes de l'efficacité bancaire vis-à-vis du secteur privé sont plus élevées au Cameroun (0.143), au Gabon (0.121) et au Congo (0.113), que dans les autres pays.

Le Cameroun enregistre les valeurs les plus élevées de PRIVY de 1987 à 1991. La plus grande valeur est 0.269 (en 1991). Au-delà, la valeur de l'indicateur baisse considérablement. Elle est même inférieure à 0.1 après 1995. La valeur la plus faible (0.066) est enregistrée en 1997. Au Gabon, PRIVY varie entre 0.281 en 1987 et 0.066 en 1996. Entre ces deux années, les valeurs de PRIVY sont essentiellement décroissantes. Après 1996, l'on note une légère amélioration de l'indicateur, qui s'évalue à 0.124 en 2002. Le Congo constate des valeurs élevées entre 1987 et 1992 (0.271 en 1987), mais elles sont décroissantes. Après 1992 surtout, PRIVY est inférieur à 0.1.

La Guinée Equatoriale (0.103), le Tchad (0.074) et la RCA (0.054) ont de très faibles niveaux de développement financier.

La Guinée améliore considérablement l'indicateur PRIVY de 1987 (0.189) à 1991 (0.3). A partir de 1992, les valeurs de Privy sont décroissantes, voire inférieures à 0.1 dès 1993, jusqu'en 2001 (0.028). PRIVY au Tchad connaît la même évolution que LLY. Très élevée en 1987 (0.302), sa valeur baisse continuellement. Elle passe de 0.101 en 1988 à 0.047 en 2002. La situation de la RCA est très catastrophique. La valeur de l'efficacité bancaire par rapport au secteur privé est toujours inférieure à 0.10.

- Evolution de BANK

Les moyennes de BANK sont élevées au Gabon, au Cameroun et au Congo représentant respectivement 0.754, 0.663, 0.597.

Le Gabon enregistre des valeurs élevées durant toute la période, mais elles oscillent entre 0.862 en 1991 et 0.660 en 2001. Au Cameroun, la valeur élevée est enrégistrée en 1991 (0.747) et la faible en 1993 (0.608). L'allure générale de la courbe est décroissante. Au Congo, les valeurs les plus élevées sont obtenues entre 1987 et

1992, avec un pic en 1991 (0.740). Au-delà de 1992, les valeurs sont décroissantes et faibles, atteignant en 2002 0.345.

La RCA (0.509), le Tchad (0.498) et la Guinée Equatoriale (0.497) affichent les valeurs relativement faibles.

En RCA, les valeurs vont de 0.466 en 1987 à 0.536 en 2002. La courbe fait apparaître un pic en 1989 (0.603) et un creux en 1994 (0.414). Au Tchad, l'indicateur est très bas atteignant0.387 en 2000. La valeur la plus élevée est enrégistrée en 1991 (0.656). Les valeurs en Guinée Equatoriale sont davantage basses avec 0.152 en 1994. Seulement en fin de période, elles s'élèvent affichant 0.905 en 2001 et 0.959 en 2002.

- Evolution de PRIVATE

Les banques du Gabon et du Cameroun allouent plus le crédit au privé qu'au secteur public. L'indicateur vaut en moyenne pour ces pays 0.654 et 0.584.

Les valeurs oscillent entre 0.782 en 1987 et 0.629 en 2002 au Gabon. Les valeurs les plus élevées sont obtenues en 1987, 1990 et 1991, et la plus faible en 1998 (0.548). L'indicateur PRIVATE au Cameroun est « essentiellement » décroissant sur la période. La valeur la plus élevée est 0.914 en 1987.

Les autres pays ont des valeurs moyennes faibles pour PRIVATE : 0.498 pour le Congo, 0.496 pour la Guinée Equatoriale, 0.408 pour la RCA et 0.369 pour le Tchad. Au Congo, en RCA et au Tchad, l'indicateur évolue en baisse jusqu'en fin de période. Par contre, la Guinée Equatoriale affiche des valeurs élevées en fin de période (0.895 en 2001 et 0.930 en 2002).

Nous remarquons que le système financier des pays de la CEMAC est sous-développé sur la période d'étude. Les valeurs moyennes et l'évolution de chaque indicateur nous permettent de classer les pays de la CEMAC en trois groupes :

- le groupe des pays à développement financier élevé (le Gabon et le Cameroun) ;
- le groupe des pays à développement financier moyen (le Congo et la Centrafrique) ;

- le groupe des pays à développement financier faible (la Guinée Equatoriale et le Tchad).

2- L'analyse de l'approfondissement financier dans la CEMAC.

2.1- Des comparaisons significatives.

En prenant seulement en compte les indicateurs LLY et PRIVY, qui donnent le niveau réel de développement financier dans la zone, les indicateurs calculés sur notre période d'étude (1987-2002) ont connu une baisse assez remarquable, par rapport à ceux calculés sur la période 1967-1995 (Ekani, op. cit.).

Tableau 2.1 : Tableau comparatif des niveaux moyens de développement financier sur les périodes 67-95 et 87-02.

		Cam.	Gab.	RCA	Con.	Tch.	G.éq.
LLY	1967-1995	0.194	0.194	0.193	0.187	0.172	
	1987-2002	0.174	0.175	0.174	0.171	0.168	0.102
PRIVY	1967-1995	0.214	0.182	0.197	0.175	0.134	
	1987-2002	0.143	0.121	0.054	0.113	0.074	0.103

Source : calcul à partir des SFI, selon la méthode King et Levine (1992), et Ekani (1999).

Les indicateurs LLY et PRIVY dans la CEMAC sont aussi très faibles comparés à ceux des pays de l'UEMOA. En effet, les moyennes sur la période 87-02 pour le Sénégal (LLY=0.234, PRIVY=0.221) et Côte-d'Ivoire (LLY=0.279, PRIVY=0.266) sont très au-dessus de la moyenne de n'importe quel pays de la CEMAC. Le désavantage des pays de la CEMAC s'accentue, lorsqu'on les compare à deux pays africains hors Zone Franc. LLY au Maroc représente, en moyenne, plus de 3.5 fois la valeur de l'indicateur au Gabon. PRIVY en Tunisie vaut environ 4 fois plus qu'au Cameroun.

Tableau 2.2 : Indicateurs moyens en Côte-d'Ivoire, au Sénégal, au Maroc et en Tunisie.

	C.Iv.	Sén.	Mar.	Tun.
LLY	0.279	0.234	0.638	0.503
PRIVY	0.266	0.221	0.379	0.544

Source : calcul à partir des SFI, selon la méthode King et Levine (1992).

2.2- L'analyse du développement financier dans la CEMAC.

L'indicateur traditionnel d'approfondissement financier mesure la taille du système bancaire dans l'économie. Il est aussi l'indicateur de la liquidité de l'économie. Ses valeurs décroissantes et faibles par rapport à la période 67-95 traduiraient la réduction de la taille du secteur des intermédiaires financiers, et de la liquidité de l'économie. Les explications se trouveraient dans la crise aiguë, et l'âpreté des réformes du système. En effet, la crise a considérablement réduit la liquidité dans la zone, par l'exportation des fonds en quête de meilleurs emplois. La restructuration des systèmes bancaires a entraîné des liquidations en masse. Aussi le nombre de banques est-il passé, entre 1986 et 1995, de 38 à 32 (Wamba, 2001). Ainsi, malgré les mesures de libéralisation financières, l'approfondissement financier n'a pas été amélioré.

BANK est souvent pris en compte pour signifier que les banques sont mieux armées que la banque centrale pour gérer les risques et l'information. Ses valeurs élevées témoigneraient de ce que le crédit alloué par les intermédiaires financiers est en grande partie octroyé par les banques commerciales tandis que leur baisse signifie une activité grandissante de la Banque Centrale.

Les indicateurs PRIVY et PRIVATE représentent la taille du secteur privé dans l'économie, ou encore l'efficacité du système bancaire vis-à-vis du secteur privé. Leurs valeurs relativement médiocres et sans cesse en diminution, par rapport à 67-95, connoteraient une efficacité de plus en plus réduite du système bancaire pour le secteur privé, et une baisse de la contribution des acteurs privés dans l'économie. La méfiance des banques, issue de l'expérience de la crise (créances compromises), les conduirait, par prudence, à léser les agents privés. La perte de la part du privé se ferait alors au profit des activités de rente[6] ou du secteur public.

La comparaison des niveaux de développement financier entre les pays de la CEMAC et deux pays de l'UEMOA montre clairement, que le système financier des seconds est plus développé que ceux des premiers. La différence est davantage ressentie, lorsqu'on met en parallèle les pays de la CEMAC d'une part, et le Maroc et la Tunisie d'autre part. Ces résultats confirment bien ceux des travaux précédents, qui donnent un avantage des pays de l'UEMOA sur la CEMAC, en matière de développement financier, et un avantage certain de l'Afrique du nord sur l'Afrique subsaharienne. Il faut même noter que le système financier de l'UEMOA dispose d'une bourse de valeurs, localisée à Abidjan (la BRVM). Le Maroc et la Tunisie ont chacun une bourse de valeurs (la Casablanca Stock Exchange et la Tunis Stock Exchange respectivement).

Il apparaît qu'à partir de 1987, le niveau de développement financier a fortement baissé. Le système financier de la CEMAC déjà sous-développé a encore été endommagé par la crise bancaire. Les causes étaient trouvées dans le caractère répressif de l'environnement financier entre autres.

II- L'appréciation des réformes du système financier de la CEMAC.

En une quinzaine d'années, le système financier de la CEMAC connaît deux générations de réformes. Les premières (1990) répondaient aux insuffisances du cadre d'exercice de l'activité d'intermédiation, et surtout visaient à juguler la crise de la fin des années 1980. Ces mesures se sont avérées satisfaisantes pour assainir le système bancaire, et non pour assurer son développement. C'est pourquoi des

---

[6] Ceci constitue une explication de la surliquidité des banques de la zone.

réformes de deuxième génération, dont certaines sont encore en cours de réalisation, sont nécessairement entreprises.

1- L'appréciation des réformes de première génération.

Les premières mesures de libéralisation financière ont été prises dans un environnement instable et de manière brutale. La séquence normale des mesures de libéralisation n'a pas été observée car la crise avait déjà affecté le système bancaire. Nous voulons considérer la réaction du système bancaire à ces différentes mesures. Nous allons donc présenter la nature des réformes entreprises avant de considérer l'évolution du système bancaire dans la zone.

1.1- *La nature des premières réformes du système financier.*

Ce sont des décisions et actions réaménageant le système bancaire et redéfinissant l'environnement juridique et institutionnel du système financier de la zone BEAC.

1.1.1- Les réformes financières et monétaires.

Ce sont des mesures prises pour tenter d'assainir le secteur financier afin de lui donner un peu plus de rationalité. Elles concernent la restructuration des banques, leur condition de refinancement, la politique et le marché monétaires.

Le traitement des banques en difficulté a consisté en leur restructuration, en agissant sur leur bilan. Le traitement du passif devrait rétablir la liquidité du système bancaire en encourageant l'activité de dépôt. La libéralisation des taux a été décidée de même que l'obligation pour les organismes publics de stabiliser leur dépôt auprès des banques. Il a aussi été préconisé l'apurement des dettes et arriérés de l'Etat envers le secteur bancaire et l'accroissement des fonds propres par recapitalisation ou souscription de nouvelles actions. Enfin, l'apurement des engagements des banques par indemnisation des déposants a été négocié. La principale mesure sur l'actif a consisté en la création des sociétés de recouvrement des créances. Il s'agissait pour l'Etat de reprendre l'actif des banques sinistrées.

En ce qui concerne le refinancement, la flexibilité des taux décidée à partir 1990 remplace la politique des taux d'intérêt rigides[7]. Désormais, les seuls taux applicables aux banques sont le taux d'escompte unique et le taux de pénalité. Ils sont déterminés par le Gouverneur de la BEAC en fonction des conjonctures économiques internationale et sous régionale. Les taux des avances aux Etats sont également accrus pour leur imposer une gestion plus rigoureuse des recettes budgétaires.

La programmation monétaire[8] remplace la politique monétaire dirigée. Sa mise en œuvre nécessite la prise en compte des éléments macroéconomiques tels que la prévision du PIB réel, les objectifs de croissance dans les plans nationaux, les taux de liquidité de l'économie, les niveaux prévisionnels des avoirs extérieurs et les besoins prévisionnels des banques. La nouvelle politique monétaire permet à la BEAC d'attirer l'attention sur les principaux risques des choix économiques et financiers.

Enfin, la création du marché monétaire en 1994 a pour but de recycler les liquidités entre les banques avant tout recours au refinancement de la Banque Centrale. Il est constitué de deux compartiments : le niveau 1 et le niveau 2. Le niveau 1 est le compartiment interbancaire sur lequel les banques s'échangent des liquidités à des conditions librement débattues. Le niveau 2 (composé des guichets A et B) est le compartiment sur lequel la BEAC intervient pour réguler la liquidité.

Les mesures monétaires et financières visaient à assainir le système bancaire et à redonner plus de souplesse et de rationalité à l'environnement financier. Pour renforcer ces mesures et réduire les effets indésirables de la libéralisation, le cadre juridique et institutionnel a été redéfini.

---

[7] Trois taux étaient appliqués : le taux d'escompte normal, les taux d'escompte préférentiels et le taux de pénalité. Les taux préférentiels étaient réservés aux secteurs que les Etats voulaient soutenir (crédits de campagne, crédits aux PME, crédits aux organismes sans but lucratif).
[8] Elle entre en vigueur au Cameroun le 1er Septembre 1991 et le 1er janvier 1992 dans les autres pays.

1.1.2-   Les réformes juridico institutionnelles.

Elles consistent en un ensemble de conventions signées entre les Etats de la zone BEAC pour aboutir à un système de surveillance efficace. Il s'agit des conventions du 16 octobre 1990 portant création de la Commission Bancaire Afrique Centrale (COBAC), et du 17 janvier 1992 qui harmonise la réglementation bancaire en Afrique centrale.

L'institution de la COBAC a pour but de mettre en place un dispositif efficace de surveillance bancaire. La fonction administrative lui permet de délivrer des avis conformes dans les procédures d'agrément et d'autorisations individuelles. La COBAC édicte des prescriptions (normes prudentielles) pour assurer l'équilibre des établissements de crédit, contrôler leur liquidité et solvabilité, en vertu de son attribution normative. Par sa fonction de contrôle, elle organise et exerce la surveillance sur pièce et sur place des établissements assujettis. Grâce à sa fonction juridictionnelle, elle peut intervenir à titre disciplinaire. La COBAC est subordonnée à la Banque Centrale pour assurer ces quatre compétences, comme le montre son organisation. La Commission est présidée par le Gouverneur de la BEAC et son vice. Les onze membres qui la composent sont pour la plupart nommés par le Conseil d'Administration de la Banque. En plus, les sanctions prononcées par la Commission sont susceptibles de recours devant ledit Conseil, auquel la COBAC rend compte.

La convention de Douala (1992) harmonisant la réglementation bancaire révèle un système juridique hiérarchisé et autonome. Ce système présente une structure composée de normes subordonnées les unes aux autres. Les actes de la COBAC, par exemple, sont inférieurs au droit sous régional ordinaire. Mais ils se distinguent bien de l'ordre juridique international. Leur objet matériel est constitué d'activités liées à l'exercice et au contrôle de l'activité des Etats membres. Malgré son caractère autonome, l'ordre juridique sous régional s'intègre aux ordres nationaux. L'article 3 de l'annexe à la convention de 1992 stipule que les décisions prises par la COBAC sont exécutoires de plein droit, aussitôt que notification a été faite aux responsables concernés. En cas de confrontation entre le droit sous régional et le droit interne, c'est le premier qui l'emporte sur le second.

1.2- L'appréciation du système bancaire après les réformes de 1990.

« *L'Afrique Centrale peut se targuer aujourd'hui de la meilleure santé de son système bancaire* » (BEAC, 2000). En une quinzaine d'années, la restructuration bancaire aura permis d'assainir le secteur. Cet embelli que connaît l'environnement financier est du à l'amélioration de la surveillance bancaire.

1.2.1- L'évolution du système bancaire.

La structure su système bancaire a subi de sérieuses modifications. De la quarantaine avant la crise, le nombre de banques est passé à 38, puis à 24 en 1990 avant de revenir à 32 à ce jour.

Cependant, la répartition n'est pas égalitaire. Trois pays se partagent plus du deux tiers des banques (Cameroun : 10, Gabon : 6, Tchad : 6). A l'intérieur de chaque pays encore, seules quelques banques se partagent la majorité de la clientèle. Quoiqu'il en soit, le nombre des banques s'est accru depuis 1990.

De même, l'activité des établissements bancaires de la CEMAC a été affectée par de nombreux facteurs exogènes. Combinés à la crise, les troubles politiques, et les fluctuations économiques ont influencé les activités de dépôt et de crédit. Cependant, les rapports de la BEAC et de la Banque de France sur la CEMAC notent une amélioration de la collecte des dépôts et de l'offre des crédits. Dans ces activités, c'est la clientèle privée qui prend de plus en plus d'importance.

Cette amélioration de l'architecture et de l'activité du système bancaire tient en fait à l'évolution du cadre de la surveillance bancaire.

1.2.2-   L'évolution de la surveillance bancaire.

L'ancien dispositif de la surveillance bancaire s'est avéré insatisfaisant[9].Le dispositif actuel, constitué autour de la COBAC, confère à cette dernière plus d'efficacité dans l'exercice de la surveillance bancaire. En plus, depuis 2001, la COBAC dispose de deux outils pour renforcer la surveillance sur pièce des institutions financières.

Avec ce dispositif, il y a un renforcement de la liquidité et de la solvabilité des banques. En 1999 déjà, 50% des banques étaient considérées comme saines, 12 fragiles et 4 en situation critique. A 2002, avec la nouvelle cotation, la situation financière du système bancaire de la CEMAC est jugée globalement satisfaisante. Les banques en difficulté (08) font l'objet d'une surveillance étroite de la COBAC.

Il apparaît que la crise et les mesures de restructuration ont reconfiguré la structure et les activités du système bancaire des pays de la CEMAC. Par rapport à sa situation initiale, le système bancaire de la zone est en net recul (Banque Mondiale, 1989). Mais lorsqu'on considère ce qu'il serait devenu en l'absence de toute réforme, l'on pense que les banques de la zone sont redevenues saines et crédibles (Tamba et Tchamambé, 1995 ; Lenoir, 1992). Les mesures de libéralisation financière auront permis de sortir de la crise bancaire et d'assainir le système bancaire. Mais, pour que le développement financier soit possible, d'autres réformes devraient être menées dans le sens de multiplier les instruments et les services financiers offerts.

2- Les axes de réformes de deuxième génération.

Le développement des marchés financiers et monétaires avec des instruments financiers diversifiés faciliterait la mobilité de l'épargne longue et le financement des investissements en Afrique Centrale. Il protègerait le système financier des injonctions des gouvernements et les encouragerait à mettre en place des politiques budgétaires vertueuses. Nous notons dans ce paragraphe les insuffisances du système

---

[9] En témoigne la crise et ses causes.

financier de la sous région qui implique une accélération des réformes de deuxième génération.

2.1- Les insuffisances du système financier de la CEMAC.

La CEMAC souffre gravement de l'absence d'alternatives à l'intermédiation bancaire. Pour assurer le financement des projets d'investissement, l'Afrique centrale a besoin d'instruments et de mécanismes variés lui permettant de mobiliser l'épargne longue en grande quantité. Dans un contexte marqué par les exigences croissantes de privatisation, la sous région devrait fournir des mécanismes de sortie pour les investisseurs dans les titres des entreprises à privatiser. Elle devrait aussi proposer des facilités pour le changement de structure aux entreprises qui le désirent. Les instruments de financement long et les possibilités de modification de la taille des entreprises font défaut dans la zone.

De plus, les Trésors Nationaux continuent de dépendre des avances de la BEAC pour combler leurs déficits de trésorerie. La Banque Centrale continue donc de subir les pressions du financement monétaire des déficits budgétaires et la politique monétaire ne trouve pas toujours les bons de Trésor. Ceux-ci animent généralement le marché monétaire et sont le canal privilégié de transmission de la politique monétaire. La BEAC ne peut donc pas agir efficacement sur le système bancaire et sa liquidité du fait de la quasi absence des titres publics.

Par ailleurs, la CEMAC pèche par l'opacité de son tissu productif. Les informations sur les activités dans les différents secteurs sont rares dans la zone. Les potentiels investisseurs voulant se lancer dans l'industrie ou les activités commerciales ne trouvent pas les données nécessaires sur les positions concurrentielles ou sur les débouchées dans les différentes branches. Dans le même ordre d'idées, il n'existe pas de structure fournissant aux éventuels investisseurs des renseignements sur les entreprises et leur gestion. En fait, les agents économiques n'ont pas une bonne connaissance des activités et opportunités en Afrique centrale.

Il est important de noter que dans un contexte mondial marqué par la dématérialisation des valeurs et le règlement électronique des transactions, la

CEMAC n'a pas encore assuré le développement de la monnaie scripturale. Le système de paiement de la sous région est encore dominé par les transactions en monnaie fiduciaire, qui marquerait la confiance peu solide en ce système. Le caractère archaïque des moyens de paiement découle de la rigidité du système de paiement et de règlement de la zone.

Une explication au manque de confiance du public au système bancaire le défaut de paiement à la fois des crédits et des dépôts. Ces incidents de paiement révélaient qu'il n'était plus sécurisant de déposer ses fonds en banque dans la CEMAC. En fait, Les clients insolvables des banques n'ont jamais fait l'objet d'aucune procédure judiciaire. Il n'est donc pas insensé de souligner qu'il n'existe pas de répression aux incidents de paiement dans une zone où les flux financiers sont dominés par les règlements en monnaie fiduciaire.

Les insuffisances ainsi recensées expliquent le sous développement du système financier de la CEMAC. Les réformes de deuxième génération prennent notamment en compte ces manquements. Elles sont donc à mesure d'améliorer l'activité financière et d'assurer le développement financier dans la sous région.

2.2- *Les réformes en cours, pour le développement financier.*

Des réformes financières et monétaires sont en cours dans la CEMAC pour construire une structure permettant le développement de la sphère financière propice au développement économique.

La belle illustration de cette nouvelle orientation est le projet de la bourse des valeurs mobilières de l'Afrique centrale (BVMAC). Le chronogramme de la mise en place de la BVMAC a été révisé à plusieurs reprises. Les principales institutions du marché ont déjà été mises en place et mais démarrage effectif des activités est handicapé par l'existence de deux projets concurrents dans la zone. La BVMAC s'imposerait alors comme alternative au financement bancaire, puisque la bourse est un organisme à fortes externalités positives. Elle met continuellement et spontanément à la disposition du public, des informations exhaustives et qualitatives sur les performances des agents économiques ; et les titres financiers viennent accroître la gamme des services offerts par le système financier.

Le projet d'émission des titres publics de même accroît la gamme des services financiers offerts dans le cadre d'un marché des valeurs du Trésor. Ce dernier est un instrument de gestion de l'endettement public permettant à l'Etat de mobiliser les capitaux dont il a besoin pour financer son budget. Les titres publics libèrent la Banque Centrale de la pression du financement monétaire des déficits publics et lui permettent en même temps d'agir plus efficacement sur la liquidité bancaire. Les projets de la BVMAC et de l'émission des titres publics associés à celui de la Centrale des Bilans devront apporter une meilleure connaissance du tissu productif des Etats membres.

En outre, pour répondre à l'insuffisance et à la rigidité du système des paiements et de règlement (SPR) de la sous région, une réforme est en cours pour le rendre plus souple, ouvert et fiable. Complété par le projet de création d'une centrale des incidents de paiements, la modernisation du SPR va accroître la sécurité des paiements, réduire les délais et coûts de transactions bancaires et favoriser le développement de la monnaie scripturale et de l'interbancarité.

Conclusion du chapitre :

Le système financier de la CEMAC est encore sous-développé. Les indicateurs ont même régressé par rapport à la période d'avant la crise. Ils sont inférieurs à ceux des pays de l'UEMOA, de la Tunisie et du Maroc. Les mesures de libéralisation auront été utiles seulement à juguler la crise. Mais des perspectives meilleures se dessinent pour le système financier de la CEMAC, avec les projets financiers et monétaires en cours de réalisation.

Deuxième partie :

LE DEVELOPPEMENT FINANCIER, UN FACTEUR UTILE DANS L'EXPLICATION DES DEFICITS PUBLICS.

Les recherches empiriques sur la relation entre la sphère financière et la sphère réelle ont largement fait état de l'influence positive du développement financier sur la croissance. Cependant, elles ont négligé de considérer les effets du développement des activités financières sur les budgets publics. Il est certes vrai des réponses définitives ne sont pas données aux questions relatives au sens de la causalité, et aux effets sur la croissance de la répression financière. Mais il est établi que le développement su système financier (le système de banques plus que celui de marchés) a un effet positif sur la croissance.

L'impact budgétaire de l'état du système financier a simplement été oublié. Une littérature nouvelle commence à scruter la relation susceptible d'exister entre le système financier et les finances publiques. Ces auteurs sont motivés par la nécessité d'assurer l'équilibre macroéconomique suite au vent de libéralisation financière. Nous voulons dans cette partie évaluer le lien entre la sphère financière et les finances publiques. Le chapitre 3 évoque les considérations théoriques qui pourraient fonder cette relation, et le chapitre 4 évalue ce rapport à l'aide d'outils statistiques appropriés.

Chapitre 3 :

LE SYSTEME FINANCIER ET LES DEFICITS PUBLICS : LES ASPECTS THEORIQUES.

« Le gouvernement peut voir dans la répression financière un moyen privilégié d'accès à des ressources bon marché (via la perception d'un seigneuriage). Il peut donc avoir intérêt à empêcher le développement du secteur financier dans la mesure où celui-ci rend la perception de l'impôt d'inflation plus difficile » (Venet, 1996). C'est la vision que Roubini et Sala-i-martin (1992) partagent avec Dornbush et Reynoso (1989) ou Easterly (1989) de l'interaction entre le système financier et les finances publiques. Il en ressort que le développement financier est nocif à l'équilibre budgétaire de l'Etat. Cette remarque est d'autant plus inquiétante que l'intervention de l'Etat à travers la dépense publique n'est pas inutile dans les économies contemporaines. Mais une réaction publique efficace se nommerait discipline budgétaire. Cette dernière amènerait plutôt les déficits publics à se réduire.

Nous voulons dans ce chapitre faire le point de la théorie sur le lien entre le système financier et les finances publiques. La première section présentera la théorie de la dépense publique avec la problématique de son financement. La deuxième section évoquera le rapport théorique entre le système financier et les finances publiques.

I- *L'approche théorique des finances publiques : les dépenses publiques et leur financement.*

L'intervention de l'Etat dans l'activité économique revêt souvent le caractère d'une nécessité regrettable. La théorie néoclassique approuve l'utilisation des dépenses publiques seulement pour une meilleure gestion des phénomènes hors marché (effets externes, biens collectifs, situations de monopole). Sur le plan macroéconomique, la dépense publique vient combler l'insuffisance de la demande dans une situation de chômage.

Pour financer ces dépenses, le gouvernement recourt principalement à la taxation. Les alternatives se nomment emprunt public et financement monétaire. Cette section fait le tour de la théorie sur les déficits publics. Nous présenterons successivement la justification des dépenses publiques et la question de leur financement.

1- La justification des dépenses publiques.

Les explications d'origine keynésienne donnent les fondements de l'utilité des dépenses publiques pour la croissance. Mais des explications alternatives à la théorie keynésienne proposent des explications à la persistance des déficits publics.

1.1- Les explications d'inspiration keynésienne.

Les explications microéconomiques fondent l'utilité de la dépense publique pour la croissance. Sur le plan global, c'est le principe du multiplicateur qui justifie l'utilisation des déficits publics pour relancer l'activité économique.

1.1.1- L'utilité des dépenses publiques.

L'utilité des dépenses publiques trouve sa justification en analysant, dans une optique de moyen terme, les principales composantes des dépenses publiques dans le processus de croissance.

La dépense publique est un élément de régulation du capital. Diamond (1965) montre que le recours fréquent à l'endettement affecte l'équilibre du marché de capitaux. Il explique qu'il existe un niveau d'endettement public non nul qui permet d'atteindre la règle d'or. En fait, sur un sentier de croissance tel que le ratio dette sur PIB soit constant, le revenu des actifs (l'épargne aussi) est amputé du montant des impôts nécessaires au financement de la charge d'intérêt lorsque celle-ci croît plus vite que l'économie. Ceci veut aussi dire que si le taux d'intérêt est inférieur au taux de croissance de l'économie, l'endettement initial donne lieu, à long terme, à des réductions d'impôts (augmentation de l'épargne). La dépense publique, à travers la dette publique, est donc un élément de régulation du capital dans l'économie.

La dépense publique stimule la productivité des facteurs de production privés. Barro (1981) et Aschauer (1989) incorporent les dépenses publiques soit dans la fonction d'utilité soit dans la fonction de production. Dans le premier cas, la substitution entre la dépense publique et la dépense privée est forte. Dans le second, la dépense publique est complémentaire de la dépense privée. Ainsi, une hausse des dépenses rentrant dans la fonction de production privée accroît la profitabilité marginale du capital et stimule l'investissement au lieu de l'évincer. De même, Barro (1990) montre qu'une augmentation de la part des dépenses publiques dans le PIB stimule la rentabilité des inputs privés. Il trouve ce résultat en incorporant la dépense publique complémentaire des dépenses privées dans le modèle standard de croissance endogène.

1.1.2- **Le multiplicateur des dépenses publiques[10].**

En situation de chômage, le modèle keynésien simplifié montre que l'intervention de l'Etat est nécessaire pour combler le déficit de la demande globale. La présentation du multiplicateur des dépenses budgétaires montre pourquoi Keynes ne disqualifie pas les déficits budgétaires. L'intervention de l'Etat vise, par la politique budgétaire, à faire varier le niveau d'activité.

Nous partons du modèle en économie fermée et à prix constants suivant :

$$Y = C + I + G$$
$$Y - T = C + I + G - T = Yd$$
$$C = c(Y - T) + Co$$
$$I = \bar{I}$$

---

[10] [10] Nous faisons fit du multiplicateur d'investissement pour présenter les multiplicateurs budgétaires. Nous choisissons de présenter le multiplicateur des dépenses publiques ; il est en effet plus efficace, pour Keynes, d'augmenter les dépenses que de baisser les impôts. Nous présentons ici le modèle simplifié.

Avec Y=le revenu, C=la consommation, I= l'investissement, G=les dépenses publiques, Yd=le revenu disponible, T=l'impôt, Co=la consommation incompressible, c=la propension marginale à consommer.

Nous augmentons la dépense publique sans modifier l'impôt : $T = \bar{T}$.

Par définition, on a $\qquad \Delta Y = \Delta C + \Delta I + \Delta G$

D'après le modèle, $\qquad \Delta I = 0$

$$\Delta Y = c(\Delta Y - \Delta T) + \Delta Co + \Delta G$$

On a alors $\qquad \Delta Y = c\Delta Y + \Delta G$

$$\frac{\Delta Y}{\Delta G} = \frac{1}{1-c}$$

Puisque o < c < 1, le multiplicateur $\frac{1}{1-c}$ est supérieur à 1.

Le principe du multiplicateur expose les modalités d'ajustement d'une économie en sous emploi. L'intervention de l'Etat par une augmentation de la dépense occasionne un accroissement plus que proportionnel du niveau de revenu.

Les justifications keynésiennes de la dépense publique justifient les déficits publics comme générateur de croissance. Mais d'autres approches s'intéressent aux explications rationnelles des déficits publics.

1.2   - Les explications externes à la théorie keynésienne.

Les causes explicatives des déficits publics sont hétérogènes. Durant les trente glorieuses, les économistes constatent que les cycles économiques sont à même d'amplifier les déficits publics. Ils proposent, avec la théorie du lissage fiscal, la réalisation des budgets cycliques. Sur le plan politique, les déficits revêtent un caractère stratégique, pour laisser aux adversaires un héritage difficile à gérer.

1.2.1- Les déficits publics et les cycles d'activités.

Wagner (1958), Peacok et Wiseman (1961) donnent les premières explications des déficits publics (ou de l'augmentation des dépenses) qui inspirent les tenants du lissage fiscal.

Selon Wagner, les dépenses croissent plus vite que l'activité dans les pays en voie d'industrialisation[11]. L'industrialisation induit l'accroissement de la demande des biens collectifs liés au développement du capital humain, des investissements d'une importance telle que seul l'Etat est à mesure de les réaliser, et de nouvelles formes d'organisation de la vie collective. Il en résulte des dépenses accrues pour « *l'Etat gendarme* » dues au développement économique. Peacok et Wiseman pensent que Wagner ne tient pas compte des risques de guerres et des crises politiques. Ils expliquent la croissance des dépenses par rapport au PIB par « *l'effet de déplacement* ». Pour eux, toute dépense publique est assortie d'une charge fiscale maximale tolérable par les contribuables. En absence de crise, les projets d'augmentation des dépenses rencontrent une résistance de la population. Le risque de guerre ou de crise justifie la hausse des dépenses et augmente la charge fiscale tolérable. Le calme revenu, les dépenses se réduisent, mais ne rejoignent jamais le niveau initial.

La théorie du lissage fiscal donne un contenu positif aux explications précédentes, en empruntant à la théorie du budget cyclique. Ici, l'on admet que l'Etat doit augmenter les dépenses en cas de récession et épargner dans les périodes d'expansion. Pourtant les autorités politiques engagent des déficits en récession, mais négligent de créer des excédents à la reprise. Le jeu politique peut, dans un contexte d'alternance politique, conduire à des déficits systématiques.

1.2.2- Les déficits publics et les cycles politiques.

Les déficits jouent un rôle stratégique dans le cadre de legs empoisonné. L'héritage laissé aux successeurs est un moyen de les rendre impopulaires. Un parti au pouvoir aujourd'hui, peut influer sur la situation budgétaire dont hériteront ses successeurs. Alesina et Tabellini (1989) partent de l'hypothèse que deux partis sont potentiellement en position d'accéder fréquemment au pouvoir. Pour simplifier, l'on

---

[11] La découverte de Wagner est qualifiée de loi. Elle implique que l'élasticité des dépenses publiques par rapport au PIB est supérieure à l'unité pour les pays industriels : $\{\Delta G / G / \Delta PIB / PIB > 1$
$T - G < 0$

considère qu'un parti de droite privilégiera les dépenses militaires et celui de gauche les dépenses sociales. Etant au pouvoir, le premier peut décider d'une programmation militaire qui dépasse son mandat. Si le second gagne, il sera lié par les intérêts de l'emprunt de son prédécesseur, et devra limiter les dépenses sociales. En agissant ainsi, le gouvernement d'aujourd'hui satisfait non seulement ses électeurs, mais crée des difficultés à son adversaire successeur. Cette interaction stratégique explique les déficits. Le volume d'endettement légué sera par le gouvernement d'aujourd'hui sera d'autant plus élevé que :

- le désaccord entre les deux parties est important, entraînant une forte bipolarisation de la vie politique ;
- la probabilité de réélection de ce gouvernement est faible.

Une deuxième lecture des déficits propre aux modèles de cycles politiques tient aux conflits entre partis coalisés pour former un gouvernement sans cohérence idéologique. Alesina et Drazen (1991) expliquent les déficits par le report des réformes fiscales nécessaires à l'ajustement budgétaire lorsque les deux partis au pouvoir ne s'entendent pas sur la répartition de la charge fiscale nécessaire pour combler les déficits. En laissant les taux d'imposition inchangés pendant longtemps, le déficit apparaît et dure systématiquement. Un gouvernement de coalition retarde les mesures d'ajustement budgétaires nécessaires jusqu'à ce que le jeu de veto entre les membres de la coalition soit terminé.

2- Le financement des déficits publics

Un gouvernement dispose de trois voies pour se procurer des ressources au financement de ses dépenses : la fiscalité par la mise en place de l'impôt, l'endettement par l'émission des titres et le financement par la création monétaire. L'imposition est le mode dominant et du fait du principe d'équivalence ricardienne, l'emprunt et la taxe d'inflation ne sont que des impôts différés.

2.1- *Le financement par l'impôt.*

L'impôt est un flux obligatoire et sans contrepartie assis sur le revenu ou la dépense du contribuable perçu par l'Etat afin de subvenir aux dépenses publiques ou de réguler l'activité économique. La distinction administrative entre les impôts directs et indirects aboutit à la question de l'incidence fiscale.

2.1.1- Les différents types d'imposition.

Le critère administratif distingue entre l'imposition directe et l'imposition indirecte suivant la matière taxable. Les impôts directs sont les prélèvements directement versés au Trésor par le contribuable. Ils sont représentés schématiquement par l'impôt sur le revenu et l'impôt sur les sociétés. Le revenu imposable des personnes physiques est la somme des salaires, dividendes, loyers et plues values perçues diminuée des exonérations et éventuellement des tolérances. Dans la plupart des pays, le montant des impôts est retenu à la source. L'impôt sur les sociétés frappe quant à lui les entreprises relevant du champ de cet impôt (sociétés de capitaux, SARL, sociétés commerciales…). Cet impôt est régi par les principes de territorialité, d'annualité et accessoirement de l'indépendance des exercices. Le revenu imposable des sociétés dépend du bénéfice net, déduction faite des différentes charges et prise en compte des amortissements et des provisions. Les impôts directs peuvent être à taux proportionnel, progressif ou régressif.

Les impôts indirects sont ceux payés par un redevable qui n'en supporte pas la totalité de la charge dès lors qu'il est en relation avec d'autres agents économiques. Ce sont généralement des impôts sur la dépense payés par les clients des entreprises. Deux grandes catégories peuvent être discernées. Les droits indirects ou droit d'accise représentent une part importante des revenus en Afrique. Il s'agit des vignettes, des timbres, des droits de douane, des taxes sur les tabacs et alcool. L'autre catégorie est constituée des taxes sur le chiffre d'affaire et la taxe sur la valeur ajoutée. Cette dernière est perçue sur les transformations subies par un produit ou service uniquement sur la valeur ajoutée par chaque transaction. Les impôts indirects peuvent être à taux unique ou en cascade.

2.1.2- La question de l'incidence fiscale.

Elle traite à la fois de la répartition de la charge fiscale et de la fiscalité optimale incidente.

A la question de savoir qui devrait supporter la charge fiscale, deux approches fournissent des réponses. La première, dans une optique de financement du bien collectif, suggère que les coûts devraient être répartis en fonction du profit que chacun tire du bien fourni. Les agents devront être taxés en fonction de l'utilité marginale qu'ils retirent de l'usage du bien. La deuxième propose plutôt que les taxes devraient être réparties en fonction de la capacité de chacun à payer. Les citoyens à revenus élevés devraient être taxés plus lourdement que ceux à revenus faibles. Cette approche est guidée par le souci d'équité.

A la question de savoir sur quoi doit reposer les droits d'imposition, l'on abouti à la « loi de Dalton ». Elle stipule que la répartition de la charge fiscale qui maximise les recettes fiscales de l'Etat doit reposer sur les produits dont la demande est inélastique par rapport au prix. Il faut alors imposer lourdement les produits à demande inélastique et exonérer (prélever les impôts faibles sur) les produits à demande élastique.

Bien que l'imposition soit le mode dominant de financement public, des formes alternatives existent qui ne sont pas négligeables.

2.2- Les alternatives à l'imposition.

En dehors de la fiscalité, l'Etat peut utiliser l'endettement ou le financement par la création monétaire.

2.2.1-   L'endettement public.

L'endettement public se définit comme l'utilisation de l'emprunt pour financer les dépenses publiques. Ceux qui prêtent au gouvernement reçoivent des titres publics ou bons du Trésor qui contiennent la promesse de remboursement avec intérêt dans le future. Généralement, l'emprunt public est utilisé pour financer les dépenses en capital. Dans ce cas, il permet de financer les projets à haut rendement dans le future, sans réduire le pouvoir d'achat des contemporains. Si l'imposition était utilisée pour financer ces grands investissements, les individus seraient contraints à sacrifier la consommation et l'épargne sans aucun bénéfice jusqu'à la fin des travaux. La dette favorise une utilisation efficiente des ressources dans l'économie. L'impôt qui sera prélevé plus tard est analysé comme une redistribution du bien-être entre les générations. L'endettement de l'Etat n'est pas seulement intérieur. Il peut revêtir un caractère international. Ce dernier peut être le fait des conventions bilatérales (entre deux pays) ou des accords de prêts multilatéraux (avec les institutions financières internationales). Les problèmes sont liés à l'endettement public qui remettent en cause son utilité. L'augmentation des taux d'intérêt consécutive à l'augmentation de la dépense publique financée par l'emprunt peut-être source d'éviction financière. Dans une considération de long terme, l'on aboutit à la notion de l'équivalence ricardienne. Par ailleurs, la considération de la capacité d'endettement du pays conduit au principe de soutenabilité de la dette publique.

2.2.2-   La création monétaire.

Le gouvernement peut prendre des mesures visant à accroître l'offre de monnaie. Lorsque la banque centrale rachète les titres publics, il y a création monétaire du par avance au Trésor. Tout accroissement de l'offre de monnaie pour financer les dépenses publiques conduit le niveau des prix à s'élever. L'inflation force les agents privés à réduire leur consommation et leur épargne, et dévalorise leur richesse réelle. Le financement monétaire du déficit affecte donc les encaisses monétaires des agents privés. Friedman (1976) pense que le financement monétaire peut s'identifier selon le cas à la fiscalité ou à l'emprunt. Si l'augmentation de l'offre de monnaie entraîne la hausse du niveau général des prix, le gouvernement a recours à l'imposition pour obtenir des ressources (taxe d'inflation). Si la création monétaire n'a aucune incidence sur les prix, il s'agit d'émettre une promesse de paiement. Cette modalité s'apparente à l'emprunt, mais dans ce cas il n'y a pas de paiement d'intérêt. Friedman conclut alors en retenant comme source de revenu pour l'Etat l'impôt et l'endettement. De plus en plus, le financement par création monétaire est décrié à cause de son caractère inflationniste.

L'imposition, l'endettement et la création monétaire sont les trois sources de revenus pour le financement des dépenses publiques. La théorie des finances publiques suggère qu'un gouvernement rationnel fait usage de la source qui lui procure des ressources aux moindres coûts. La mise au point des systèmes d'imposition est associée à des coûts administratifs importants. L'endettement aussi est contraint par la capacité d'emprunt des Etats et l'existence des marchés financiers adéquats. Dans les pays en développement en général, la fiscalité est peu élaborée et les marchés financiers plus ou moins absents. Dornbush (1987) souligne que dans ces conditions, le seigneuriage devient avantageux. Les pouvoirs publics accentuent par conséquent les pressions sur le système financier domestique pour percevoir les revenus nécessaires à leur activité.

II- *Le système financier et les finances publiques : une évocation des liens théoriques.*

Les travaux empiriques sur le développement financier ont négligé de considérer les effets du développement financier sur les déficits publics (voir supra chapitre 1). Cette section veut faire le tour des aspects théoriques qui sous tendent le lien entre le système financier et les finances publiques. Dans une large mesure, l'on pense que le développement financier accentue les difficultés financières de l'Etat.

Cependant des analyses existent qui soulignent que les performances du secteur financier contraint le pouvoir public à la discipline budgétaire.

1- Le développement financier, néfaste aux finances publiques.

Le développement financier crée des difficultés au Trésor public en ce qu'il occasionne l'abandon des privilèges de financement que l'Etat obtenait de son interventionnisme sur le secteur financier. Cet abandon implique en effet la perte des revenus implicites et l'alourdissement du service de la dette. Ces implications affectent alors du budget de l'Etat.

1.1- *La perte des privilèges illégitimes.*

Le gouvernement reçoit des privilèges de financement illégitimes du système financier du fait de son intervention sur le secteur financier. Il reçoit des revenus et une rente de financement à cause des taux administrés à la baisse ou des taux de réserves obligatoires élevés. Le développement de la sphère financière suite à la suppression de l'interventionnisme étatique occasionne la perte des revenus et des rentes faciles.

1.1.1- La perte des revenus implicites.

Giovannini et De Melo (1991) soulignent que l'inflation et la répression financière sont utilisées dans les pays en développement comme des formes de taxation complémentaires. En pratique, la répression financière est typiquement le résultat du plafonnement du taux d'intérêt nominal en deçà du taux d'inflation. Avec des taux d'intérêt administrés, une politique d'inflation conduit à des taux d'intérêt réels très faibles. En plus, avec une gamme très limitée d'instruments financiers et des coefficients des réserves obligatoires élevés, c'est la base de la taxe d'inflation qui augmente.

Pendant que Fry (1993) et Friedman (1971) analysent l'inflation comme une taxe, Giovannini et De Melo font pareil avec la répression financière. La répression financière et l'inflation sont traitées comme des prélèvements sur la richesse privée. Elles procurent donc des revenus bon marché à l'Etat. La suppression de l'intervention publique à travers l'instauration de la flexibilité des taux, l'abolition des réserves obligatoires et l'abandon des politiques inflationnistes libèrent le système financier et accroissent les activités financières. L'Etat perd par conséquent tous ses revenus bon marché. L'ampleur da la perte est proportionnelle à la marge de liberté accordée au système financier. Les tableaux ci-après donnent une idée des revenus auxquels les gouvernements de quelques pays renoncent suite au développement financier.

Tableau 3.1 : Revenu du seigneuriage dans 8 pays africains, 1984

Pays	Pourcentage du PNB	Pourcentage du revenu courant du gouvernement
Algérie	1.59	..
Côte d'Ivoire	0.44	1.45
Egypte	7.50	16.69
Ghana (1985)	0.74	6.17
Maroc	1.67	6.79
Nigeria (1987)	0.94	5.05
Tanzanie (1985)	3.14	18.55
Zaïre (1986)	3.03	16.08

Source : Fry, 1995, p.402

Tableau 3.2 : Revenu de la répression financière dans 5 pays africains

	période	Pourcentage du PIB	Taxe implicite	Pourcentage du revenu total du gouvernement
Algérie	1974-1987	4.30	10.08	11.42
Maroc	1977-1985	2.31	16.07	8.89
Tunisie	1978-1987	1.49	13.20	4.79
Zaïre	1974-1986	0.46	62.29	2.48
Zimbabwe	1981-1986	5.50	20.30	19.13

Source : Giovannini et De Melo, 1991

1.1.2- La perte de la rente de financement.

Avec l'expansion de l'activité du secteur financier, l'Etat abandonne le privilège du financement de sa dépense à faible coût. L'intuition première de la répression financière est le blocage des taux d'intérêts à des niveaux artificiellement bas. Le but de cette politique est le financement à des coûts faibles des entreprises et de la dépense publiques. C'est une façon pour le gouvernement de réduire ses dépenses de paiement d'intérêt. La libéralisation des taux a pour conséquence l'élévation de ceux-ci. Le graphique ci-dessous (emprunté à l'analyse du surplus du consommateur) montre la rente que l'Etat perd suite à cette augmentation des taux d'intérêt.

Pour un taux d'intérêt plafonné (ipl), les offreurs de crédit ne peuvent que proposer un montant (CRo), alors que les demandeurs souhaitent obtenir un volume (CRd). L'équilibre au point B suppose un montant de crédit égal à (Cre) et un taux d'intérêt (iéq). Ici, on dit que les demandeurs de capitaux sont subventionnés, puisque leur disposition à payer est plus grande et se situe à (imax). Le triangle représenté par ABC est la rente issue de l'administration des taux. Avec le retour au taux d'intérêt d'équilibre, l'Etat perd donc le surplus représenté par la moitié de la rente :

$$\frac{ABC}{2} = ABD$$

Figure 3.1 : Equilibre du marché du crédit

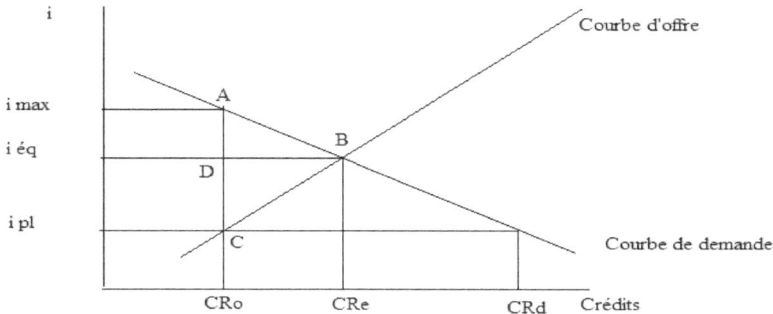

Source : emprunté à l'analyse du surplus du consommateur.

Nous constatons qu'avec le développement financier, l'Etat perd les privilèges qu'il avait pendant la répression. Il perd les revenus issus de la répression financière et de la politique d'inflation ; en même temps, il perd les rentes liées au faible coût de financement de ses dépenses. Ces pertes ont nécessairement des incidences sur les finances publiques.

1.2- Les implications de la perte des privilèges.

La perte des privilèges des interventions sur le système financier ont pour conséquences directes la hausse des dépenses et l'alourdissement du poids de la dette.

1.2.1- La perte des revenus ou la hausse des dépenses publiques

L'intuition de l'école de la répression financière est que les taxes de répression et d'inflation sont implicites, de même que leurs revenus. Le développement financier vient détruire les sources de revenus implicites du gouvernement. Il en vient alors que les dépenses vont nettement se détacher des recettes, les déficits budgétaires vont se creuser à l'occasion. Giovannini et De Melo (1991, note 16) soulignent ainsi que le revenu de la répression financière n'est pas reflété par une hausse des recettes. Il se manifeste plutôt par la chute des dépenses publiques. Le développement financier accentue donc les déficits publics, budgétaires notamment.

1.2.2- La hausse des taux d'intérêt et l'alourdissement du service de la dette

La conséquence la plus connue de la libéralisation financière est l'élévation du taux d'intérêt. Celui-ci, pendant la répression financière était maintenu à des niveaux bas pour financer à faibles coûts le secteur public et minimiser les paiements d'intérêt. La définition opérationnelle du déficit budgétaire se résume en l'équation suivante :

$$D = G - R + S$$

D est le déficit budgétaire ; G, les dépenses publiques ; R, les recettes budgétaires et S, le stock de la dette publique.

Le déficit budgétaire baisse avec les recettes budgétaires, mais croît avec les dépenses et le stock de la dette publiques. Ce dernier est composé d'une partie à taux variables et d'une autre à taux fixe. Le service de la dette à taux variables augmente avec une modification dans le même sens du taux. Avec l'augmentation du service de la dette, le déficit budgétaire se creuse. L'augmentation des taux d'intérêt, avec la libéralisation financière alourdit les dépenses de paiement d'intérêt et par conséquent le déficit budgétaire.

Nous comprenons à travers ces explications que la perte des revenus et des rentes de la répression financière sont les conséquences du développement financier. Un système financier libéré n'est plus contraint par l'Etat qui voit ses finances se détériorer. Pourtant, dans une certaine mesure, on peut penser que le développement financier oblige l'Etat à davantage de discipline budgétaire, et donc à réduire ses déficits.

Il apparaît que le développement financier, avec la libéralisation financière est néfaste aux finances publiques. L'amélioration de l'activité financière suppose l'abandon des privilèges illégitimes de l'Etat sur le système financier. Ces pertes accentuent les déficits du budget public. Au –delà de cette vision, une autre analyse suggère que le développement financier favorise plutôt la discipline budgétaire.

2- Le développement financier, stimulant de la discipline budgétaire.

Avec le développement financier, la perte des privilèges illégitimes astreint l'Etat à la rigueur budgétaire. Le laxisme budgétaire serait encouragé par les facilités et rentes durant la répression financière. C'est ce qui pousse Espinoza et Hunter (1994) à dire que les déficits et la répression financière vont de pair. En outre, une analyse spécifique au système bancaire arrive à la conclusion que le développement financier réduit les déficits publics.

2.1- Le développement financier et la réforme budgétaire.

La perte des privilèges de l'interventionnisme avec le développement financier impose tantôt la réforme du système fiscal, tantôt la réduction des dépenses.

2.1.1- La perte des revenus et la réforme fiscale

Pour Bencivenga et Smith (1990), la répression financière est la moins onéreuse des formes de taxation. La taxe de répression financière et la taxe d'inflation sont souvent préférées aux formes conventionnelles d'imposition. Elles n'exigent aucun coût pour leur prélèvement, contrairement aux autres. Du fait de ces ressources bon marché, le gouvernement se laisserait aller dans un laxisme budgétaire. Avec le développement financier et la perte des revenus faciles, une réforme fiscale s'impose. La réforme s'impose pour compenser la perte des revenus issus de la répression financière. Elle suppose la mise en œuvre effective des impôts conventionnels, l'élargissement de l'assiette fiscale. Bien plus, la mise en œuvre et l'administration des nouvelles taxations sont coûteuses. Considérant les dépenses engagées pour cette collecte, le gouvernement est conduit à utiliser ses ressources avec parcimonie. Le développement financier astreint l'Etat à la discipline budgétaire ; les soldes vont s'améliorer ou les déficits se réduire.

2.1.2- La perte de la rente et la réduction des dépenses publiques

Le blocage des taux d'intérêt à des niveaux bas maintient le système bancaire dans le sous développement et procure une rente de financement au secteur public. Ce dernier emprunte à des coûts très bas pour financer ses activités. Le gouvernement entreprend alors des dépenses fantaisistes sans corrélation avec les objectifs de développement. Le laxisme dans la gestion budgétaire accroît les déficits. Avec le développement du système financier, l'Etat perd sa rente de financement. Il fait face à des coûts et frais financiers de plus en plus élevés. Le renchérissement du coût de financement public oblige le gouvernement à discipliner ses finances. Il va s'engager à réduire ses dépenses et par conséquent à réduire ses déficits. De nos jours, les propositions se dirigent vers l'amélioration de la qualité des dépenses plutôt que leur simple réduction. Ce serait en disciplinant ses dépenses que l'Etat arriverait à réduire ses déficits

2.2- *Le système bancaire et les finances publiques.*

Ici, l'on pense que l'indépendance de la banque centrale impose la discipline budgétaire et que le développement du système bancaire contribue à la formation de l'impôt sur les sociétés.

2.2.1- L'indépendance de la banque centrale et la discipline budgétaire

Le statut de la banque centrale n'est pas sans influence sur les déficits budgétaires. Le seigneuriage représente le revenu que l'Etat trouve en émettant des dettes détenues par le public sous forme de monnaie, ou par les banques sous forme de réserves assorties d'un intérêt faible ou nul. Plus largement, le droit de seigneuriage ou taxe d'inflation inclut les gains obtenus par l'Etat grâce à la dévalorisation de la dette nominale, par une inflation surprise. Tout ceci est lié à une banque centrale sous l'emprise formelle des pouvoirs politiques. La garantie d'un financement et le bénéfice des conditions privilégiées à la banque centrale sont sans doute des incitations au laxisme budgétaire. Par contre, confier à l'institut d'émission un objectif de stabilité de prix interdit le recours à la « planche à billets » ou à un quelconque accès privilégié au crédit pour financer les déficits (Benassy et Pisni-Ferry, 1994). Le développement financier accompagné d'une banque centrale indépendante incite donc le pouvoir public à la prudence ou la discipline dans la gestion budgétaire.

2.2.2- La performance bancaire et l'impôt sur les sociétés

L'Etat du système bancaire n'est pas sans influence sur les finances publiques. Dans les économies en développement, c'est un secteur capital. Ceci, du fait que c'est la « seule[12] » source de financement et aussi de ce que la monnaie est son objet. Lorsque le secteur bancaire est en difficulté, l'intervention de l'Etat est indispensable pour lui maintenir la confiance du public. Les dépenses pour restructurer ou réformer le secteur augmentent avec la dégradation de la situation bancaire. De même, un système bancaire en crise se traduit par la faillite des établissements de crédit. Les liquidations qui en résultent diminuent la taille du système bancaire et le volume d'impôt provenant de ce secteur. A l'opposé donc, lorsque le système bancaire est performant et en bonne santé, c'est-à-dire lorsqu'il y a approfondissement financier, l'Etat ne s'engage plus financièrement pour soutenir les banques. Par la même occasion, lorsque le nombre d'établissements financiers est important, il y a formation des recettes budgétaires à travers le paiement de l'impôt sur les sociétés.

L'intervention des pouvoirs publics dans le système financier fournit des ressources faciles à l'Etat et encourage le laxisme budgétaire. Le développement financier bloque les sources de revenus bon marché. Pour certains auteurs, l'amélioration de la situation du système financier est synonyme de difficultés pour le Trésor. Pour d'autres, la perte des privilèges et ressources faciles obligerait à plus de rigueur dans la gestion des finances publiques, donc une réduction des déficits budgétaires.

---

[12] En effet, les marchés financiers étant absents et les systèmes fiscaux embryonnaires, le système bancaire est la principale source de revenus. De plus, l'économie d'une nation repose grandement sur la confiance en sa monnaie.

Chapitre 4 :

LE DEVELOPPEMENT FINANCIER ET LES DEFICITS BUDGETAIRES : CORRELATION ET CAUSALITE EN CEMAC.

Tous les pays en développement ont entrepris de libéraliser leur système financier. Ils ont été encouragés dans cette entreprise par le rayonnement de la théorie de la libéralisation financière et ses vertus liées à la croissance. Les recommandations de cette dernière ont été appliquées soit en retard soit en partie. La raison se trouverait dans la considération de l'impact budgétaire de celles-ci. Les premières mesures de libéralisation financière datent alors du 16 octobre 1990 dans les pays de la CEMAC. De nombreuses études se sont proposé d'évaluer ces mesures dans des perspectives de l'efficacité du système bancaire ou de la croissance. En une quinzaine d'années, peu ou presque aucune ne s'intéresse à évaluer cette politique dans une perspective des finances publiques. C'est à cette tâche que nous nous attelons dans ce travail.

Les seuls travaux liant le système financier et les finances publics traitent des effets budgétaires (sur les recettes et les dépenses) de la répression financière (Fry, 1981 ; Fisher, 1982 ; Giovannini et De Melo, 1991). Ils ne donnent qu'une image floue des effets de l'expansion de l'activité financière sur les finances publiques. Une belle évaluation de l'influence de la finance sur les budgets publics devrait alors lier les indicateurs de développement financier et les soldes budgétaires. Nous présentons l'approche méthodologique choisie dans la première section, puis nous évaluons le rapport dans la deuxième section.

I- Le système financier et les finances publiques : l'approche méthodologique.

L'objectif central de cette étude est d'évaluer le lien entre le système financier et les finances publiques. Il semble alors nécessaire de tester à la fois la corrélation et la causalité entre les indicateurs de développement financier et les déficits publics. Cependant, les seuls travaux dans le domaine traitent des effets budgétaires soit de la répression financière soit du statut de la banque centrale. Avant de décrire notre approche méthodologique (en II), nous discutons d'abord des précédentes (en I).

1- L'étude critique des approches précédentes.

Les travaux antérieurs sur le lien entre le système financier et les finances publiques discutent, pour la plupart, des effets budgétaires de la répression financière, mais aussi du rapport entre le statut de la banque centrale et la discipline budgétaire.

1.1- L'impact budgétaire de la répression financière.

Giovannini et De Melo (1990), Bencivenga et Smith (1990), Fisher (1982), Fry (1981) déduisent les effets du développement financier sur les déficits publics en calculant les revenus issus de la répression financière sous ses différentes formes. La fixation du taux d'intérêt en deçà du taux international, le seigneuriage ou la politique d'inflation procurent des revenus substantiels aux gouvernements. Ces auteurs estiment ces revenus comme une fraction du produit national ou du revenu national. Ils trouvent que la libéralisation financière devra générer des problèmes budgétaires substantiels. Ils proposent alors soit de réformer la fiscalité pour compenser la perte des revenus, soit d'éviter de libéraliser le système financier.

Cette approche se limite uniquement au calcul des revenus de la répression financière qui ne donne pas une idée réelle du niveau de développement de toute la sphère financière. Une bonne approche devrait étudier les corrélations entre un indice de développement financier et un indicateur budgétaire. La deuxième approche étudie la corrélation entre des indices d'indépendance de la banque centrale et le déficit budgétaire.

1.2- *Le statut de la banque centrale et la discipline budgétaire.*

Bénassy et Pisani-Ferry (1994) lient plutôt le statut de la banque centrale à la conduite de la politique budgétaire (activisme ou discipline). Ils utilisent comme indicateur de l'indépendance légale de la banque centrale les mesures proposées par Grilli, Masciandaro et Tabellini (1991) et Cukierman, Webb et Neyapti (1992). Ils mesurent la discipline budgétaire par trois indicateurs : le déficit budgétaire, la dette publique ou le déficit primaire rapporté au PIB. Ils mettent en évidence une relation tenue entre le statut de la banque centrale et la discipline budgétaire.

Bénassy et Pisani-Ferry ont le mérite d'avoir lié un aspect du développement financier (l'indépendance de la banque centrale) avec des indicateurs des finances publiques. Mais leur approche ne satisfait pas à l'aspiration générale de lier le système financier aux finances publiques. C'est pourquoi notre approche veut étudier la corrélation entre les indicateurs de développement financier et les déficits publics.

2- La description de l'approche retenue.

Cette étude vise à mettre en relief le lien entre le système financier et les finances publiques. Pour ce faire, il est nécessaire d'évaluer la dépendance statistique entre les variables de développement financier et les indicateurs du déficit public. Pour être un peu plus complet, il serait aussi judicieux de se prononcer sur la causalité entre le système financier et les finances publiques. Nous décrivons d'abord la méthode d'analyse avant de présenter l'échantillon et les variables de cette étude.

2.1- *La présentation de la méthode d'analyse.*

La méthode statistique expose les principes d'analyse des séries à deux dimensions. La représentation graphique de ces séries met en évidence la notion de dépendance statistique, c'est-à-dire la corrélation entre deux variables observées.

Cependant l'outil coefficient de corrélation ne permet pas de se prononcer sur la causalité entre les deux variables.

2.1.1- La dépendance statistique.

« *Lorsqu'une variable Y est en corrélation avec une variable X, les points représentatifs des couples de valeurs (xi, yi) constituent un nuage de forme plus ou moins allongés. La connaissance de la valeur prise par X apporte alors une information supplémentaire sur les valeurs susceptibles d'être prises par Y* » (GRAIS, 2000, p.169). L'étude de la corrélation de Y avec une variable X suppose la réalisation de deux tâches :

- la détermination de la forme de la liaison statistique existant entre Y et X (par la courbe de régression de Y en X ou la courbe de tendance),
- l'évaluation de l'intensité de la liaison (par le rapport de corrélation ou le coefficient de corrélation linéaire).

Le coefficient de corrélation peut à lui seul fournir des informations sur la forme et l'intensité de la relation. Les trois cas de figure possibles sont synthétisés dans la figure 4.1.

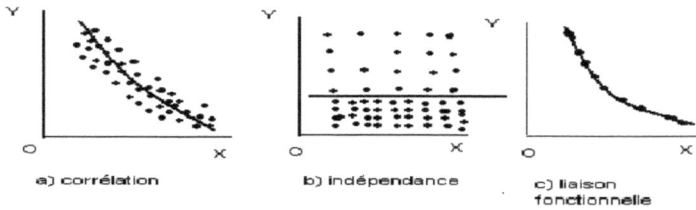

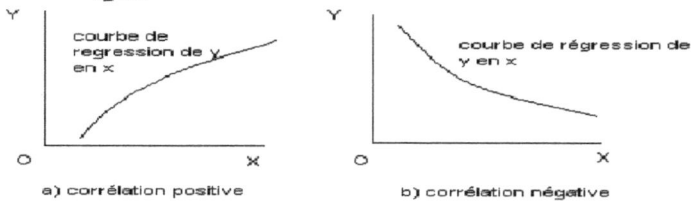

Source : Bernard GRAIS. 2001.

74

Le coefficient de corrélation linéaire entre X et Y est le rapport $r = \text{cov}(X,Y) / \sigma_X \sigma_Y$. Si les variables X et Y sont indépendantes, le coefficient de corrélation linéaire est égal à zéro. En effet, lorsque les deux variables sont indépendantes (fig.4.1b), la covariance cov (X, Y) = 0. Si les variables X et Y sont liées par une relation fonctionnelle (fig.4.1c) linéaire, le coefficient de corrélation linéaire est égal à -1 (si la liaison est indirecte) ou +1 (si la liaison est directe). Entre ces cas extrêmes, la valeur absolue du coefficient de corrélation est d'autant plus proche de l'unité, que la dépendance linéaire entre les variables statistiques est forte.

On dit que la corrélation est directe ou positive (fig.4.2 a)) lorsque les variations des deux phénomènes se produisent dans le même sens. Quand les variations sont de sens contraire, on dit, que la corrélation est inverse (fig.4.2 b)). Cependant, la courbe de régression ou la tendance est plus représentative de l'ensemble de la distribution lorsque les points (xi, yi) sont plus concentrés autour de la courbe de régression ou la tendance. Ce qui est significatif de l'intensité de la relation. Il s'agira pour notre cas d'étudier la dépendance statistique entre les indicateurs du système financier et ceux des finances publiques.

2.1.2- Le test de causalité.

La corrélation ne permet pas de se prononcer sur la relation causale entre le système financier et les finances publiques. Le test de causalité est un outil intéressant dans la mesure où il donne le sens causal de la relation et non seulement une corrélation. Pour réaliser notre objectif, nous allons mener une analyse statistique de la causalité « à la Granger ».

La causalité à la Granger est différente de la notion de causalité au sens courant. X cause Y à la Granger si X aide à la prévision de Y. Il importe de noter que cette causalité ne signifie pas que Y est la résultante de X. Elle mesure seulement la relation de précédence. Elle peut mettre en évidence plusieurs cas de figure. La causalité unidirectionnelle est celle d'une variable vers l'autre, sans que la réciproque soit vérifiée. Lorsque le test révèle une causalité dans les deux sens, elle est qualifiée de bidirectionnelle. Le dernier cas de figure représente tout simplement l'absence de causalité.

Néanmoins, « *avant de procéder au test de causalité de Granger, il est nécessaire de procéder à deux tests préliminaires. En effet, pour éviter toute régression fallacieuse, il est impératif de s'assurer de la stationnarité des variables et de l'absence de coïntégration entre les variables prises deux à deux. En cas de coïntégration entre les variables, il est nécessaire d'estimer un modèle à correction d'erreur destiné, comme son nom l'indique, à corriger le biais d'estimation induit par la coïntégration* » (Joseph, Rafinot et Venet, 1998).

2.2- L'échantillon et les variables d'étude.

Dans l'objectif d'étudier la corrélation et la causalité entre le système financier et les finances publiques, nous choisissons de nous fonder sur la Communauté Economique des Etats de l'Afrique Centrale, tout en comparant ses résultats avec ceux de quelques pays représentatifs des autres régions de l'Afrique. Les variables financières et les déficits publics nous serviront d'indicateurs.

2.2.1- Le choix de l'échantillon.

La CEMAC est une zone d'intégration économique et monétaire composée de six Etats (le Cameroun, la République centrafricaine, le Congo, le Gabon, la Guinée équatoriale et le Tchad). Ceux-ci cheminent ensemble, depuis 1972, dans un processus d'intégration monétaire, sous la tutelle d'une même Autorité (la BEAC). Ils ont une politique monétaire commune. Ils ont vécu ensemble la crise du système bancaire, et ont appliqué les reformes de libéralisation financière en même temps. La CEMAC constitue en cela, un échantillon assez homogène. Son système financier est moins développé, que ceux de l'UEMOA ou de l'Afrique du nord (voir supra Chapitre 2). La prise en compte des autres parties du continent nous permet de voir si la nature de la relation est tributaire des spécificités sous-régionales (uniquement pour les coefficients de corrélation).

L'UEMOA fait partie, autant que la CEMAC, de la Zone Franc africaine. Elle est constituée de 8 pays et possède les mêmes caractéristiques que son homologue. Le système financier y est plus développé, qu'en Zone Monétaire Afrique Centrale. Un marché financier est fonctionnel en Côte d'Ivoire, qui, avec le Sénégal, détient le leadership économique dans la sous région. Ces deux pays représenteront l'UEMOA dans notre étude. L'Afrique du nord sera représentée par la Tunisie et le Maroc. Ils se distinguent de l'Afrique subsaharienne par leur avance en matière économique et financière. Ils disposent chacun, d'une bourse de valeurs[13].

Notre échantillon est finalement composé des six pays de la CEMAC, de la Côte-d'Ivoire et du Sénégal pour l'UEMOA, du Maroc et de la Tunisie pour le compte de l'Afrique du Nord. Il faut préciser que ce choix est fortement arbitraire.

2.2.2- Les variables choisies.

Les quatre variables de développement financier proposées par King et Levine ont été choisies à la première partie de cette étude (LLY, PRIVY, BANK, PRIVATE). LLY mesure la taille de l'intermédiation financière dans l'économie. PRIVY représente la taille du secteur privé dans l'économie par rapport à celle du secteur public. BANK mesure l'importance des banques de dépôt par rapport à la banque centrale. PRIVATE mesure l'importance du financement privé par rapport au financement total. Ces variables sont calculées pour tous les pays de l'échantillon, selon la méthode de King et Levine, au chapitre 2.

Les déficits désignent le solde négatif (dépenses supérieures aux recettes) du budget de l'Etat, des collectivités locales et de la sécurité sociale. Les informations sur les administrations publiques en dehors de l'administration centrale sont rares. Le solde du budget de l'Etat sert donc d'indicateur pour les déficits publics (BRISES)[14].

---

[13] Ces choix ne répondent pas à un critère particulier. Ils s'inscrivent dans la continuité des choix effectués à la première partie.
[14] Banque des ressources interactives en sciences économiques et sociales : http:/www.brises.org/index/déficits publics.

Les déficits publics dans la CEMAC sont représentés par le solde global base engagement[15]. Les données y relatives sont tirées des TOFE[16] des différents pays, tirés des *Bulletins statistiques*[17] de la BEAC. Les déficits publics des autres pays (UEMOA et Afrique du Nord) sont représentés par le solde global de l'Etat. Les données pour ces pays sont tirées des *Statistiques choisies des pays africains* de la Banque Africaine de Développement[18].

II- Le développement financier et les finances publiques en CEMAC : l'analyse et l'interprétation des résultats.

Pour apprécier le lien qui existe entre le système financier et les finances publiques, nous avons choisi les outils statistiques de corrélation et de causalité. Ceux-ci fournissent des résultats qu'il convient de présenter ici. Ces résultats soulignent des enseignements que nous discutons par la suite.

1- La présentation des résultats.

Dans ce travail, l'idée était d'établir la dépendance statistique entre les niveaux de développement financier et les soldes du budget de l'Etat dans un premier temps. Dans un second temps, il est question d'étudier la causalité pour déterminer la séquence explicative.

1.1- Les évidences des coefficients de corrélation.

Pour apprécier la dépendance statistique entre le développement financier et les déficits publics, nous avons mis en relation les différents indicateurs de développement financier et les soldes budgétaires de l'Etat. Nous calculons les coefficients de corrélation pour chacun des pays de la CEMAC entre les quatre indicateurs financiers et les soldes budgétaires base engagement rapportés au PIB.

---

[15] Il est obtenu en effectuant : recettes (pétrolières et non pétrolières) − dépenses totales (dépenses courantes et dépenses en capital).
[16] Tableau des opérations financières de l'Etat.
[17] BEAC, (2000), Etudes et statistiques, n° 254, jan. Fév. Mars.
  BEAC, (2003), Etudes et statistiques, n° 273, juillet.
[18] BAD, (2002), Statistiques choisies des pays africains, vol. XXI.

Pour les pays hors CEMAC, seuls les indicateurs LLY et PRIVY sont retenus[19]. Nous mesurons aussi les corrélations pour les différentes zones. Les tableaux ci-après donnent les résultats de ses calculs :

Tableau 4.1 & 4.2 : Coefficients de corrélation entre indicateurs de développement financier et déficits budgétaires.

	Cam.	Gab.	Rca.	Con.	G.Eq.	Tch.	CEMAC
LLY	-0.73	-0.49	-0.01	-0.61	-0.67	-0.63	**-0.88**
PRIVY	-0.78	-0.44	-0.01	-0.5	-0.90	-0.46	**-0.82**
PRIVATE	-0.57	0.1	0.2	-0.24	0.1	-0.41	**-0.42**
BANK	-0.57	0.06	0.3	-0.43	0.29	-0.4	**-0.39**

	C.Iv.	Sen.	UEMOA	Mar.	Tun.	AF.NORD
LLY	-0.55	0.17	**-0.71**	-0.05	-0.29	**0.03**
PRIVY	-0.69	-0.56	**-0.67**	-0.56	-0.57	**-0.48**

Source : Calculés par l'auteur

Nous trouvons des coefficients de corrélation négatifs pour la plupart des pays. Ainsi, sur la période d'étude, le signe des coefficients de corrélation confirme la thèse de la relation inverse entre le développement financier et les soldes budgétaires. De prime abord, ceci pourrait signifier qu'une amélioration de l'Etat du système financier accentue les difficultés financières de l'Etat.

Les résultats pour Les pays de la CEMAC montrent une forte dépendance statistique entre le développement financier et le solde budgétaire base engagement dans un grand nombre de pays. La relation est quasi inexistante dans le seul cas de la RCA.

Lorsque nous considérons les grands ensembles, nous découvrons une corrélation élevée en CEMAC. Les coefficients de corrélation en UEMOA sont inférieurs à ceux de la CEMAC. Ceux de l'Afrique du Nord sont plus faibles encore. Aussi sommes-nous conduits à dire que la dépendance des finances publiques au système financier est plus intense dans les pays à faible développement financier que dans ceux au système financier accompli.

---

[19] Nous avons auparavant étudié les courbes de tendance associées aux nuages de points entre indicateurs financiers et soldes budgétaires des différents pays. Les résultats étaient plus intéressants avec LLY et PRIVY qu'avec PRIVATE et BANK.

1.2- *Les tests de causalité à la Granger.*

Le test de causalité de Granger revient à étudier la relation entre le solde budgétaire base engagement, ses propres valeurs passées et les valeurs passées de l'un des indicateurs financier (et réciproquement). Ce test est évalué unique ment pour les pays de la CEMAC. Nous avons au préalable procédé à l'étude de la stationnarité des différentes séries. Le test de racines unitaires effectué au moyen du test de Dickey-Füller Augmenté[20] (ADF) montre que les séries sont presque toutes intégrées d'ordre 1. Ce qui a conduit à utiliser les variables en différence première pour avoir des résultats valides. Le tableau ci-après présente le résultat du test de causalité de Granger par pays et d'après le nombre de retards introduits.

---

[20] Voir en annexe.

Tableau 4.3 : Résultats du test de causalité

Pays	Analyse de la causalité de Granger	Retards	Sens de la causalité
CEMAC	D(BANKCEMAC) cause D(DEFCEMAC)*	3	Système financier → Finances publiques
Cameroun	D(LLYCAM) cause D(DEFCAM)*	3	Système financier → Finances publiques
	D(DEFCAM) cause D(BANKCAM)* et D(PRIVYCAM)**	4	Finances publiques → Système financier
Congo	D(DEFCON) cause D(BANKCON)**	4	Finances publiques → Système financier
Gabon	D(BANKGAB) cause D(DEFGAB)*	3	Système financier → Finances publiques
	D(DEFGAB) cause D(BANKGAB)***	4	
Guinée Equatoriale	D(LLYGE) cause D(DEFGE)*	3	Système financier → Finances publiques
	D(BANKGE) cause D(DEFGE)*** D(PRIVYGE) cause D(DEFGE)**	4	
RCA	Pas de causalité		
Tchad	D(DEFTCH) cause D(PRIVYTCH)	3** 4*	Finances publiques → Système financier

Source: Effectué par l'auteur sur Eviews.

*1% ; **5% ;***10%

Ces résultats laissent entrevoir pour la CEMAC en général un lien de causalité qui va du système financier aux finances publiques. Lorsque nous considérons les pays individuellement, nous constatons que seule la RCA ne présente aucun lien de causalité significatif. Le Cameroun et le Gabon admettent une causalité dans les deux sens. En Guinée Equatoriale, la causalité univoque va du système financier vers les finances publiques. Au Congo, la relation va plutôt des finances publiques vers le système financier. Puisque ce dernier cas ne fait pas l'objet de notre étude, signalons qu'une causalité qui va du système financier aux finances publiques signifierait qu'une amélioration du développement financier aura accentué les déficits publics sur la période. Réciproquement, une amélioration des soldes budgétaires s'expliquerait par une dégradation des indicateurs financiers.

2- Les implications de l'étude.

Les résultats présentés ci-dessus ont deux interprétations qui induisent des attitudes spécifiques. Celles-ci sont valables sous les réserves des carences de cette étude.

2.1- Les implications économiques de l'étude

Les résultats interpellent les Etats à dynamiser le secteur privé et à réformer efficacement le système fiscal.

2.1.1- Le développement financier pour dynamiser le secteur privé.

Les Etats à faible niveau développement financier n'auraient pas de secteur privé dynamique ; ou alors celui-ci est lésé dans le financement. Dans ces conditions, l'Etat est le seul agent à même de relancer l'activité économique. Il est contraint en utilisant l'instrument budgétaire de creuser ses déficits comme le souligne l'approche keynésienne. Une telle approche en elle-même n'est pas si dangereuse. Mais c'est plus la qualité des dépenses engagées qui fait problème. Si l'Etat entame des dépenses non productives ou non créatrices de richesses, il ne peut donc efficacement assurer son équilibre budgétaire à long terme. Le déficit continuerait à persister. Les finances des Etats africains sont fortement dépendantes du système financier lorsque celui-ci est sous-développé. Les Etats à fort développement financier réussiraient à dynamiser leur secteur privé. Celui-ci s'emploierait de manière efficace à relancer l'activité économique. Les administrations publiques s'occuperaient alors uniquement aux activités traditionnelles des collectivités publiques. Ils peuvent alors travailler à rationaliser leurs déficits.

Loin de recommander de freiner le développement de l'activité financière, nous pensons que les pays de la CEMAC ont intérêt à encourager l'expansion de leur système financier. Celui-ci donnerait un coup de fouet à l'activité économique. Les gouvernements s'occuperaient alors à discipliner leurs budgets.

2.1.2- La nécessité de réformer le système fiscal

La deuxième explication que nous suggère cette étude tient au fait que les Etats de la CEMAC n'auraient pas un système fiscal satisfaisant. Les Etats des pays africains auront abondamment profité de la répression financière et du sous développement du système financier pour se procurer des revenus faciles. Ils auront alors négligé de perfectionner leur système de collecte des ressources conventionnelles. A la suite de la libéralisation financière, ils n'ont pas pu s'ajuster et compenser la perte de revenus. Ils n'ont pas su réformer leur système fiscal pour y faire face. Cette perte de revenu ne les aura pas incité à plus de rigueur budgétaire. De nouvelles sources de revenus n'auraient pas été envisagées, et les déficits se seraient ainsi creusés.

Loin d'exiger que le système financier soit maintenu dans le sous développement, nous proposons que les pays de la CEMAC doivent s'employer à moderniser leur système fiscal. Réformer la fiscalité devrait permettre à l'Etat d'engranger de revenus au-delà de ceux perçus par la répression. Les pays qui ont un système financier bien développé auront nécessairement développé une fiscalité efficace, qui permettra aux finances publiques de ne plus dépendre du système financier.

2.2- Les limites de notre étude

Des insuffisances méthodologiques sont à même de limiter la portée de notre étude. Elles ont trait à la plage des données et la méthodologie, et aux variables d'étude. Elles suggèrent que les résultats doivent être pris avec prudence.

2.2.1- La plage des données et la méthodologie

L'évaluation du lien entre développement financier et déficits publics aurait été davantage intéressante si les données étaient longues. Il a été difficile de retrouver les TOFE des années précédant 1987 pour les Etats de la CEMAC. Quand les informations existent, elles sont fournies de manière intermittente. Les séries des soldes budgétaires, pour les autres pays, tirées des *Statistiques choisies des pays africains* de la BAD, présentent des données manquantes. Pour ces raisons, le lien entre système financier et finances publiques n'a pu être évalué que pour la période 1987-2002. Par manque de données, le développement financier mesuré par PRIVY n'a pu être calculé, pour le Maroc, qu'à partir de 1990. Aussi, pour ce pays, la relation a été évaluée sur la période 1990-2001. L'absence des données longues n'a pas aussi encouragé la mise en œuvre d'une approche économétrique. C'est pour cette raison que notre travail s'est limité à une analyse statistique. En outre, l'analyse de la causalité de Granger reçoit assez de critiques. Elle mettrait seulement en lumière la causalité statistique. Aussi, une absence de causalité à la Granger ne signifierait-elle pas forcément une absence de lien économique. De plus, notre étude ne s'est intéressée qu'au sens allant du système financier vers les finances publiques, et pourrait de ce fait paraître incomplète. Toutefois, notre objectif était uniquement de déterminer si les niveaux de développement financier affectaient les déficits budgétaires. C'est pour autant qu'il n'est pas paru obligatoire de considérer la relation inverse.

2.2.2- Les variables d'étude

L'évaluation de la relation entre le système financier et les finances de l'Etat s'est faite à travers quatre indicateurs financiers (LLY, BANK, PRIVATE et PRIVY) et un indicateur des déficits publics (le solde global du budget de l'Etat). Le choix des indicateurs financiers liés au système bancaire pourrait ne pas suffire pour analyser le lien avec les soldes budgétaires. La prise en compte d'une variable de répression financière aurait peut-être été plus indiquée et complété l'étude. Il aurait pu être introduit, parmi les variables financières, le taux d'intérêt réel, le taux des réserves obligatoires pour tenir compte des distorsions sur le système financier.

De plus, le solde global paraît très général pour représenter les déficits publics. Une meilleure analyse des effets du système financier sur les finances publiques aurait peut-être pu prendre en compte le stock de la dette et le niveau des recettes séparément. Il aurait ainsi été rendu plus explicite le lien entre le système financier et certains blocs spécifiques de la comptabilité publique.

Toutes ces insuffisances n'entament en rien les résultats obtenus. La statistique descriptive dispose d'outils appropriés pour caractériser à souhait l'ensemble de l'information contenue dans une distribution à deux variables. En plus, les indicateurs de King et Levine caractérisent suffisamment un système financier essentiellement constitué du système bancaire. La prise en compte d'un assez grand nombre de ces variables permet d'ailleurs de combler leurs lacunes individuelles. Par ailleurs, l'indicateur des déficits publics choisi englobe non seulement le déficit primaire, mais aussi les charges de la dette. Il est donc approprié pour représenter les déficits publics. Il y a bien une corrélation inverse entre le développement financier et le solde budgétaire sur la période 1987-2002. Les soldes récemment positifs dans la CEMAC sont en effet associés avec des indicateurs de plus en plus faibles de développement financier.

Conclusion du chapitre

En somme, les coefficients de corrélation présentent une relation décroissante entre développement financier et soldes budgétaires. La relation est plus intense en CEMAC qu'en UEMOA ou en Afrique du Nord. En fait, les soldes publics des Etats à faibles développement financier dépendent fortement du système financier que ceux à fort développement financier. Les premiers ne peuvent pas réveiller le secteur privé.

Leur Etat est obligé de se substituer à ce dernier pour relancer l'activité économique ; d'où les déficits accentués. Par ailleurs, les pays de la CEMAC devraient rendre plus efficace leur système fiscal pour s'assurer des recettes permanentes.

Conclusion Générale

Ce travail voulait présenter une analyse des vertus de la libéralisation financière dans une perspective des finances publiques. Il part de l'intuition selon laquelle la libéralisation du système financier assure son développement. Notre étude se proposait alors d'apprécier le lien entre le système financier et les finances de l'Etat. Plus précisément, il s'agissait de voir si le développement financier affecte les déficits publics.

Pour y arriver, nous nous sommes proposé, dans un premier temps, d'apprécier la libéralisation financière dans une perspective du développement du système financier. La crise bancaire de la fin des années 1980-début des années 1990 a profondément affecté les niveaux de développement financier (LLY, BANK, PRIVATE et PRIVY) dans la zone. Ils sont faibles comparés aux niveaux des pays de l'UEMOA et davantage par rapport à l'Afrique du Nord. En considérant les niveaux de départ, les mesures de libéralisation financière de première génération n'ont pas amélioré l'état du système financier de la CEMAC. Mais si l'on considère l'acuité de la crise bancaire, ces mesures ont néanmoins assaini le système bancaire. Bien plus, des réformes de deuxième génération sont en cours, qui présentent l'intérêt d'augurer de meilleures perspectives pour le développement du système financier.

Dans un second temps, nous avons mis en relation les niveaux de développement financier et les déficits publics de manière empirique à l'aide d'outils statistiques. Plusieurs arguments théoriques sous-tendent le lien qui peut exister entre système financier et finances de l'Etat. Un système financier réprimé est propice au prélèvement de revenus faciles pour le gouvernement. Il encourage aussi le laxisme dans la gestion budgétaire. La taxe de répression financière et la taxe d'inflation sont utilisées ensemble dans des économies à système financier sous développé. Elles fournissent des ressources bon marché pour le gouvernement au détriment du secteur privé (ménages, entreprises et banques). Le développement financier bloque les sources de revenus issus de la répression financière et induit la perte des privilèges y relatifs pour les pouvoirs publics. Pour certains auteurs, l'amélioration de la situation du système financier est synonyme de difficultés pour les finances publiques. Pour d'autres, la suppression de la répression financière et de ses rentes illégitimes astreindrait le gouvernement à plus de rigueur dans la gestion des finances publiques. Il en résulterait alors la réduction des déficits budgétaires.

Ces arguments sont corroborés par les données de la CEMAC, l'UEMOA et l'Afrique du Nord sur la période 1987-2002. Les coefficients de corrélation et le test de causalité présentent une relation décroissante entre développement financier et soldes budgétaires. La relation est plus intense en CEMAC qu'en UEMOA ou en Afrique du Nord. En fait, les soldes publics des Etats à faibles développement financier dépendent fortement du système financier que ceux à fort développement financier. L'investigation empirique suggère que le développement financier devra dynamiser le secteur privé pour que celui-ci s'occupe à relancer l'activité économique. La tâche de l'Etat se limite alors aux activités traditionnelles de fourniture des biens collectifs, de maintien de la sécurité… Celui-ci peut alors s'employer à rationaliser ses déficits. Les résultats suggèrent aussi que les Etats devraient réformer leur fiscalité pour la rendre plus efficace. Ils pourraient ainsi compenser la perte des revenus occasionnée par le développement financier ou la fin de l'interventionnisme.

Quelques insuffisances liées aux données ont conditionné la méthode d'analyse, et invitent à prendre ces résultats avec prudence. Mais la méthode statistique est assez satisfaisante dans l'étude de l'ensemble des informations contenues dans une distribution à deux variables. Ensuite, le système financier des pays africains se limite essentiellement au système bancaire ; les variables financières de King et Levine (LLY, BANK, PRIVATE et PRIVY) caractérisent à souhait l'état du système financier. Par ailleurs, le solde global inclus aussi bien le déficit primaire que les informations sur l'encours de la dette publique (principal et intérêt). Aussi pensons-nous que ces insuffisances ne limitent pas la portée de notre analyse. Le développement financier accentue les déficits budgétaires pour les Etats à faible niveau de développement financier.

Cette relation inverse entre développement financier et déficits publics soulève d'importantes questions pour la recherche et la politique économique. La première tient compte de la relation directe entre développement financier et croissance et impose qu'une attention soit accordée à la relation entre système financier, finances publiques et croissance. Elle permettrait de déterminer si ce n'est pas l'activité de l'Etat, plutôt que celle du privé, qui est favorable à la croissance ; une grande activité de l'Etat se traduisant par de lourds déficits.

La deuxième tient compte de la recommandation de réformer le système fiscal. Elle dévoile l'importance d'identifier des systèmes de taxation qui remplaceront la répression financière, avec des moyens plus efficients de collecter des revenus. Elle pourrait contenir également l'élargissement de l'assiette fiscale et la suppression des exonérations fiscales aux secteurs que le gouvernement voudrait bien favoriser. Les recommandations s'élargissent même à encourager les gouvernements à développer des techniques d'information pour apprécier la frange de l'activité économique qui échapperait encore à son système de repérage (l'économie informelle).

Bibliographie

ALESINA, A. and A. DRAZEN, (1991), "Why are stabilizations delayed?", *American Economic Review* 81, pp. 1170-88.

AMABLE, B. et J.-B. CHATELAIN, (1995), "Efficacité des systèmes financiers et développement économique", *Economie Internationale* n°61, 1er trimestre, pp. 99-130.

B.E.A.C, (2000), *1990-2000 : Décennie de changement*.

BABISSAKANA et O. ABISSAMA, (2003), *Les débats économiques du Cameroun et d'Afrique, Les cahiers de note d'analyse technique*, Prescriptor.

BANQUE MONDIALE, (1989), *Rapport sur le développement dans le monde, systèmes financiers et développement*.

BARRO, R.J., (1985), "Government Spending, Interest Rates, Prices and Budgets Deficits in the UK, 1730-1918", *Rochester Centre for Economic Research* WP#1.

BARRO, R.J., (1988), "The Ricardian Approach to budget Deficits", *Rochester Centre for Economic Research* WP#148.

BARTHELEMY, Jean-Claude et Aristomène VAROUDAKIS, (1998), « Développement financier, réformes financières et croissance : une approche en données de panel », *Revue Economique*, vol.49, n°1, pp.195-206.

BENASSY, A. et J. PISANI-FERRY, (1994), « Indépendance de la banque centrale et politique budgétaire », *Centre d'Etudes Prospectives et d'Informations Internationales*, document de travail n°94-02, juin.

BENCIVENGA, V.R. and B.D. SMITH, (1990), "Deficits, Inflation and the Banking System in Developing Countries: the Optimal Degree of Financial Repression", *Rochester Centre for Economic Research* WP#214.

BERNOU, N. et M. GRONDIN, (2001), "Réconciliation entre libéralisation financière et croissance économique dans un système fondé sur la banque", *Groupe d'Analyse et de Théorie Economique (G.A.T.E.) WP# 01-12*, U.M.R. 5824, CNRS-Université Lumière Lyon 2.

BROCK, P., (1984), "Inflationary finance in an open economy", *Journal of Monetary Economics*, 14, 37-53.

BROCK, P., (1989), "Reserve requirements and the inflation tax", *Journal of Money, Credit and Banking*, 21, 106-121.

BUFFIE, E., (1985), "Macroeconomics of trade liberalization", *Journal of International Economics*, 17, pp. 121-127.

CAPUL, Jean-Yves et Dominique MEURS, (1990), *Les grandes questions de l'économie internationale*, Nathan.

CHAMLEY, C., (1991), "Taxation of financial assets in developing countries", *World Bank Economic Review*, 5, 513-534.

CHOURAQUI, J-C et ALII, (1988), « La stratégie à moyen terme des pays de l'O.C.D.E. », *Revue Française d'Economie*, été.

CORBO, V. and J. DE MELO, (1987), "Lessons from the southern cone policy reforms", *The World Bank Research Observer*, 2, July, pp. 111-142.

DE GREGORIO, José and Pablo E. GUIDOTTI, (1995), « Financial developpement and economic growth », *World Development*, vol.23, n°3, pp.433-448.

DORNBUSH, R., and REYNOSO R., (1989), "Financial factors in economic development", *American Economic Review*, 79, n°2, May, pp. 9-204.

DRAZEN, A., (2000), *Political Economy in Macroeconomics*, Princeton University Press, Princeton, New Jersey.

EASTERLY, W.R., (1989), "Fiscal adjustment and deficit financing during the debt crisis", *The World Bank Economics department*, WP# 138 Jan.

EBOUE, C., (2000), « Macroeconomy policy and a sustainable financial intermediation system », *CODESRIA-McArthur Program on real economies*, Zanzibar, July.

EDWARDS, S., (1984), "The order of liberalization and the real exchange rate in developing countries", *Essays in International finance*, n°156.

EKANI, S., (1999), *Développement financier dans la zone BEAC : une tentative d'évaluation*, Mémoire de D.E.A., UY II.

ESPINOSA, M. and W.C. HUNTER, (1994), "Financial repression and economic development", *Federal Reserve Bank of Atlanta Economic Review*, Sept. / Oct.

FISCHER, S., (1982), "Seigniorage and the case for a national money", *Journal of Political Economy*, 90, 295-313.

FITTOUSSI, J-P et J. LE CACHEUX, (1988), « Ruptures et continuités dans les politiques macroéconomiques », *Observations et Diagnostiques Macroéconomiques*, Jan.

FRIEDMAN, M., (1971), "Government revenue from inflation", *Journal of Political Economy*, 79, 846-856.

FRY, M., (1993), "The fiscal abuse of Central Banks", *Washington D.C.: International Monetary Fund*, WP 93/58, July.

FRY, M., (1995), *Money, Interest and Banking in Economic Development*, The John Hopkings University Press, 2è éd..

FRY, M.J., (1981), "Government Revenue from monopoly supply of currency and deposits", *Journal of Monetary Economics*, 8, 261-270.

GIOVANNINI, A. and M. DE MELO, (1990), « Government Revenue from Financial Repression », *NBER working paper,* n°3604.

GOLDSMITH, Raymond R., (1969), *Financial structure and development*, Yale University Press, New Haven.

GRAIS, B., (2000), *Méthodes statistiques. Techniques statistiques 2*, Dunod, Paris, 3è éd.

GREFFE, Xavier, (1997), *Economie des politiques publiques*, 2è éd., Dalloz.

GUILLAUMONT, Patrick et Sylvianne (sous la direction de), (1994), « Ajustement et développement : l'expérience des pays ACP », *Etude réalisée à la demande de et en collaboration avec la Commission Européenne*, Economica.

GURLEY, John and Edward S. SHAW, (1960), *Money in a theory of finance*, The Brookings Institutions, Washington DC.

HENIN, P.-Y., (1997), « Soutenabilité des déficits et ajustements budgétaires », vol. 48, n°3, Mai, pp. 371-395.

HYMAN, David N., (1999), *Public finance: A contemporary application of theory to policy*, The Dryden Press, 6th ed.

IMF, (1993), *How to measure the fiscal deficit: analytical and methodological issues*, edited by Mario BLEJER and Adrienne CHEASTY.

JOSEPH, Anne, Marc RAFFINOT et Baptiste VENET, (1998), "Approfondissement financier et croissance: analyses empiriques en Afrique subsaharienne", *Techniques financières et développement*, vol. 52, sept/oct, pp. 17-25.

KING, R.G. and R. LEVINE, (1993), "Finance and Growth: Schumpeter might be right", *Quaterly Journal of Economics*, 434, pp. 717-737.

LAROCHE, A., E. LEMOINE, A. MILLIEN, F. PRATS et Y. ZHANG, (1995), « Croissance et marchés financiers : une approche empirique », *Economie Internationale*, 64 (4), pp. 39-60.

LE NOIR, A., (1992), « Leçons d'une hécatombe », *Jeune Afrique Economique*, Février, pp. 95-100.

LEVINE, Ross, (1996), « Financial development and economic growth : view and agenda », *World Bank Working paper* n° 1678, Washington.

MANKIW, N.G., (1987), "The optimal collection of seigniorage: theory and evidence", *Journal of Monetary Economics*, 20, 327-341.

MATHIS, J., (1992), *Monnaie et banque en Afrique francophone*, Edicef, Paris.

MCKINNON, Ronald I., (1973), *Money and capital in economic development*, The Brookings Institutions, Washington D.C.

MOOSLECHNER, P., (1994), Institutional patterns of financial systems: Do they make a difference? *Communication presented at the conference of the Confederation of European Economic Associations*, "Banking and finance in changing the world", Gersenzee, 27-29 April.

NEMBOT NDEFFO, L., (1997), *La restructuration du système bancaire dans les pays africains de la zone franc : une analyse du cas du Cameroun*, Thèse de doctorat, UY II.

ODEDEKUN, M.O., (1996), "Alternative econometric approaches for analysing the role of financial sector in economic growth: time series evidences from LDCs", *Journal of development economics*, vol.50, pp. 119-146.

PAGANO, M., (1993), "Financial markets and growth: an overview", *European Economic Review*, 37, pp. 613-622.

PATRICK, Hugh, (1966), "Financial development and economic growth in underdeveloped countries", *Economic Development and Cultural Change*, Janvier, vol. 14, n° 2, pp. 174-189.

PEACOCK, A.T., J. WEISMANN, (1961), *The growth of public expenditures in the United Kingdom*, Allen and Unwin, London.

PELLETIER, G., (1993), « La reconstruction des systèmes bancaires africains », *Afrique francophone n°166*, 2è trimestre, pp.51-56.

PHELPS, E.S., (1973), "Inflation in a theory of public finance", *Swedish Journal of Economics 75*, Jan-March, pp. 67-82.

RAFFINOT, Marc et Baptiste VENET, (1998), « Approfondissement financier, libéralisation financière et croissance: le cas de l' Union Economique et Monétaire Ouest Africain (UEMOA) », *Contribution au colloque de l'AFSE*, Paris, Septembre.

ROBINSON, J., (1952), « The generalization of general theory », in *The rate of interest and others essays*, Macmillan, London.

ROUBINI, N and X. SALA-I-MARTIN, (1992), "Financial repression and economic growth", *Journal of Development Economics*, vol.39, pp. 5-30.

ROUBINI, N. and X. SALA-I-MARTIN, (1992), "A growth model of inflation, tax evasion, and financial repression", *NBER* WP # 4062, May.

SANDRETTO, R. et K.F. TIANI, (1993), « La faillite du système bancaire africain : autopsie et implication d'un désastre, l'exemple camerounais », *Informations et commentaires n°83*, Avril- Juin, pp. 21-28.

SCHUMPETER, Joseph Alois, (1935), *Théorie de l'évolution économique: Recherche sur le profit, le crédit, l'intérêt et le cycle de la conjoncture*, Dalloz, Paris.

SEMEDO, Gervasio et Patrick VILLIEU, (1997), *La Zone Franc : mécanismes et perspectives macroéconomiques*, Ed Ellipse et Agence de coopération culturelle et Technique Francophone, Paris.

SEMEDO, Gervasio, (1998), « Intégration monétaire et financière en Afrique subsaharienne : quelles perspectives ? », in *Rapport moral sur l'argent du monde*, Caisse de dépôts et consignation, Ed Montchrétien, Paris, pp. 137-155.

SEMEDO, Gervasio, (2001), *Economie des finances publiques*, Ellipse.

SHAW, Edwards E., (1973), *Financial deepening in economic development*, Oxford University Press, New York.

SPEARS, Annie, (1992), "The role of financial development in economic growth in sub-Saharan Africa", *Canadian Journal of Development studies*, vol. 13, n° 3, pp. 361-379.

STIGLITZ, Joseph, (2000), *Economics of the public sector*, 3rd ed., W.W. Norton and Company, London.

TAMBA, I. et L. TCHAMAMBE, (1995), « De la crise à la restructuration des institutions bancaires : l'expérience du Cameroun », *Revue du Tiers-monde*, T. XXXVI, n°144, Octobre Décembre, pp. 813-835.

TANZI VITO, Mario I. BLEJER and Mario O. TEIJEIRO, (1993), "Effects of Inflation on Measurement of Fiscal Deficits: Conventional versus Operational Measures", in *How to Measure the Fiscal Deficit: Analytical and Methodological Issues*, edited by M.I. BLEJER and Adrienne CHEASTY.

TAYLOR, L., (1983), *Structuralist macroeconomics: applicable models for the third world*, New York, Basic books.

VAN WINJBERGEN, S., (1983), "Interest rate management in LDCs", *Journal of Monetary Economics*, vol. 12, n° 3, pp. 433-452.

VENET, Baptiste, (1996), "Libéralisation financière et développement économique: une revue critique de la littérature", *Revue d'Economie Financière*, vol. 29, pp. 87-111.

VILLANUEVA, D. and A. MIRAKHOR, (1990), "Strategies for financial reforms: interest rate policies, stabilization and bank supervision in developing countries", *IMF Staff Papers*, vol. 37, n° 3, September.

WAGNER, A., (1958), "Three extracts on public finance", in R.A. MUSGRAVE and A.T. PEACOCK (eds), *Classics in the theory of public finance*, New York, St Martins Press, pp. 45-ss.

WAMBA, H., (2001), « La gestion bancaire en Afrique centrale à l'heure de grandes mutations : bilan et perspectives », *Revue Gestion 2000*, Novembre.- Décembre.

ANNEXES

Approfondissement financier (lly) dans la CEMAC.

	Cameroun	RCA	Congo	Gabon	Guinée-Eq.	Tchad	Zone
1987	0.179	0.169	0.203	0.231	0.238	0.306	0.220
1988	0.199	0.151	0.207	0.231	0.156	0.211	0.192
1989	0.219	0.163	0.187	0.207	0.199	0.219	0.199
1990	0.227	0.158	0.216	0.193	0.096	0.207	0.183
1991	0.232	0.150	0.216	0.201	0.080	0.196	0.179
1992	0.190	0.147	0.233	0.165	0.091	0.189	0.169
1993	0.172	0.172	0.184	0.152	0.063	0.164	0.151
1994	0.201	0.238	0.162	0.150	0.133	0.147	0.172
1995	0.149	0.216	0.150	0.144	0.083	0.133	0.146
1996	0.121	0.244	0.142	0.144	0.116	0.147	0.152
1997	0.131	0.208	0.149	0.151	0.056	0.129	0.137
1998	0.134	0.156	0.153	0.174	0.079	0.105	0.133
1999	0.140	0.164	0.146	0.157	0.075	0.112	0.132
2000	0.152	0.157	0.146	0.146	0.054	0.131	0.131
2001	0.162	0.149	0.118	0.168	0.049	0.137	0.131
2002	0.176	0.148	0.131	0.179	0.064	0.156	0.142
Moyenne	0.174	0.174	0.171	0.175	0.102	0.168	0.161

Source : Calcul à partir des SFI, par la méthode de King et Levine.

Développement financier (privy) dans la CEMAC.

	Cameroun	RCA	Congo	Gabon	Guinée-Eq.	Tchad	Zone
1987	0.256	0.082	0.271	0.281	0.189	0.302	0.230
1988	0.246	0.074	0.162	0.168	0.205	0.0101	0.160
1989	0.253	0.077	0.148	0.155	0.197	0.080	0.153
1990	0.268	0.074	0.154	0.141	0.199	0.085	0.154
1991	0.269	0.067	0.165	0.146	0.3	0.085	0.172
1992	0.126	0.043	0.169	0.111	0.165	0.086	0.117
1993	0.116	0.042	0.098	0.101	0.038	0.072	0.078
1994	0.107	0.039	0.077	0.072	0.038	0.056	0.065
1995	0.085	0.042	0.081	0.079	0.042	0.039	0.061
1996	0.080	0.045	0.075	0.066	0.044	0.037	0.058
1997	0.066	0.043	0.079	0.087	0.037	0.033	0.057
1998	0.077	0.045	0.097	0.108	0.053	0.034	0.069
1999	0.080	0.042	0.109	0.101	0.046	0.037	0.069
2000	0.082	0.044	0.048	0.087	0.030	0.037	0.055
2001	0.085	0.047	0.046	0.111	0.028	0.040	0.059
2002	0.089	0.058	0.027	0.124	0.035	0.047	0.063
Moyenne	0.143	0.054	0.113	0.121	0.103	0.074	0.101

Source : Calcul à partir des SFI, par la méthode de King et Levine.

Développement financier (BANK) dans la CEMAC.

années	Cam	Gab	Con	Rca	Tch	Géq	Cemac
1987	0,726	0,776	0,682	0,466	0,597	0,471	0,62
1988	0,722	0,743	0,7	0,519	0,64	0,466	0,632
1989	0,737	0,738	0,688	0,603	0,644	0,542	0,659
1990	0,742	0,853	0,693	0,594	0,602	0,546	0,671
1991	0,747	0,862	0,74	0,568	0,656	0,551	0,687
1992	0,611	0,772	0,699	0,454	0,547	0,489	0,595
1993	0,608	0,764	0,562	0,445	0,461	0,169	0,502
1994	0,618	0,78	0,597	0,414	0,442	0,152	0,501
1995	0,626	0,777	0,602	0,477	0,474	0,201	0,526
1996	0,627	0,743	0,595	0,464	0,415	0,307	0,525
1997	0,658	0,835	0,559	0,513	0,426	0,477	0,578
1998	0,638	0,67	0,547	0,514	0,425	0,53	0,554
1999	0,636	0,678	0,603	0,521	0,393	0,51	0,557
2000	0,648	0,729	0,521	0,525	0,387	0,67	0,58
2001	0,631	0,659	0,412	0,538	0,408	0,905	0,592
2002	0,639	0,691	0,345	0,536	0,448	0,959	0,603
moy/pays	0,663	0,754	0,596	0,509	0,498	0,497	0,586

Source : Calcul à partir des SFI, par la méthode de King et Levine.

Développement financier (PRIVATE) dans la CEMAC.

Années	Cam	Gab	Con	Rca	Tch	Géq	Cemac
1987	0,914	0,782	0,757	0,565	0,862	0,619	0,75
1988	0,782	0,63	0,536	0,508	0,41	0,539	0,567
1989	0,732	0,627	0,565	0,555	0,449	0,623	0,592
1990	0,74	0,78	0,589	0,506	0,472	0,678	0,628
1991	0,645	0,782	0,604	0,418	0,454	0,529	0,572
1992	0,495	0,708	0,549	0,342	0,405	0,403	0,484
1993	0,498	0,686	0,44	0,326	0,34	0,136	0,404
1994	0,493	0,595	0,464	0,281	0,299	0,108	0,373
1995	0,494	0,636	0,475	0,342	0,328	0,158	0,405
1996	0,506	0,582	0,48	0,342	0,274	0,253	0,406
1997	0,479	0,7	0,462	0,382	0,252	0,419	0,449
1998	0,51	0,548	0,445	0,41	0,286	0,489	0,448
1999	0,513	0,561	0,538	0,346	0,276	0,504	0,456
2000	0,51	0,642	0,44	0,384	0,239	0,655	0,478
2001	0,51	0,581	0,359	0,397	0,26	0,895	0,5
2002	0,529	0,629	0,256	0,431	0,304	0,93	0,513
moyenne	0,584	0,654	0,498	0,408	0,369	0,496	0,502

Source : Calcul à partir des SFI, par la méthode de King et Levine.

Résultats du test de racines unitaires (Augmanted Dickey-Füller)

BANKCAM I(1)**	DEFTCH I(1)*	PRIVATECON	PRIVYCEMAC
BANKCEMAC I(1)**	LLYCAM I(1)*	I(0)**	I(0)*
BANKCON I(1)**	LLYCEMAC	PRIVATEGAB	PRIVYCON
BANKGAB I(1)**	I(1)*	I(1)*	I(0)*
BANKGEQ I(1)**	LLYCON I(1)**	PRIVATEGEQ	PRIVYGAB
BANKRCA I(1)***	LLYGAB I(1)*	I(1)**	I(0)*
BANKTCH I(1)*	LLYGEQ I(1)*	PRIVATERCA	PRIVYGEQ
DEFCAM I(1)*	LLYRCA I(1)*	I(1)*	I(1)*
DEFCEMAC I(1)**	LLYTCH I(1)*	PRIVATETCH	PRIVYRCA
DEFCON I(1)*	PRIVATECAM	I(0)*	I(1)**
DEFGAB I(1)*	I(0) **	PRIVYCAM	PRIVYTCH
DEFGEQ I(1)**	PRIVATECEM	I(1)*	I(0)*
DEFRCA I(1)*	AC I(1)**		

*1%; **5%;***10% seuil de confiance.

99